Jeanfi Janssens

avec la collaboration de H. Mekki et I. Lee

LE CARNET DE VOL DE JEANFI

Michel LAFON

Être steward m'a permis de voir le monde, de faire des kilomètres, de rencontrer des passagers. Je dis toujours que mes yeux ont vu ce que les gens sédentaires ne verront jamais en une vie. Lorsqu'on est en avion, c'est très bizarre : le temps est presque suspendu, c'est comme une parenthèse. Je quitte Paris, je pars trois jours à Rio, je laisse mes problèmes à Paris.

Dans l'avion, les choses ne sont pas pareilles, on est à la merci du ciel, et même les passagers sont différents. Ils sont amenés à faire des confidences qu'ils n'auraient jamais faites au sol. Il y a cette espèce d'univers cotonneux, la « non-maîtrise » de ce qui peut se passer. Les gens sont un peu plus authentiques.

Le fait de voyager et de me déplacer tout le temps m'a permis de compiler des anecdotes. L'avion, c'est finalement comme un panel de société. On enfile son costume. On incarne un rôle. On se retrouve enfermé avec des gens qui ne se connaissent pas et sont assis côte à côte, mais qui dans la vraie vie n'auraient rien à faire les uns à côté des autres. Ils échangent leur culture, leur milieu social... Cela donne des situations un peu détonantes, un peu rocambolesques, parfois un peu conflictuelles. Mais, tourné en dérision, tout cela est très amusant.

Alors, quand on m'a demandé de regrouper mes confidences, mes petites histoires, dans un livre, j'ai hésité... et après une introspection de quelques heures, j'ai appelé ma copine instructrice Cynthia et je me suis lancé.

Écrire, gribouiller, griffonner, me rappeler, pour vous offrir sans prétention quelques minutes de culture contemporaine et de divertissement à vous, les gens. J'avais un peu peur des délais, c'est vrai : la Bible s'est écrite en deux siècles... Puis, non, ce n'était finalement pas si long.

J'attends le BAT avec impatience – « le bon à tirer », qu'ils appellent ça ! Une bonne photocopieuse, deux agrafeuses, et hop ! le voilà livré, le mini-bottin de Jeanfi...

J'ai pris un réel plaisir à écrire ce livre, j'espère que vous en aurez tout autant à le lire... Alors, bonne lecture et bon voyage !

LA CREW ACADEMY

CYNTHIA, INSTRUCTRICE À L'ETNA, L'ÉCOLE DU TRANSPORT NAÉRIEN

Ma devise : la précision ! Je vous accompagnerai tout au long de votre lecture et mettrai mon grain de poivre !

J'ai donné ma vie à l'aviation – près de quarante ans. J'ai commencé sur une caravelle, symbole du renouveau aéronautique de l'époque. J'ai traversé le monde de part en part, et le monde m'a traversée de part en part. J'en ai, des heures de vol au compteur. J'ai fait mon dernier vol en temps qu'hôtesse dans les années 1990 pour embrasser une carrière d'instructrice… C'est le film *Top Gun* qui m'a inspirée, avec « Top » Cruise, vous savez, l'acteur qui fait des cocktails comme personne. Alors, depuis, je forme l'élite du personnel du transport naérien.

Le petit Jeanfi ? Je lui ai inculqué le chic à la française, et c'était pas gagné. À ses débuts, c'était plutôt le choc à la française. Dites-vous que si lui a réussi, le succès est à votre portée.

Si vous lisez ce livre, c'est sans doute que vous voulez mettre toutes les chances de votre côté pour véhiculer l'image de votre compagnie aérienne dans le monde entier. Je vais vous donner quelques conseils pour être et rester une hôtesse de l'air ou un steward au top en toute cir-con-stance. Et toi, passager de seconde ou première classe, sois attentif : voici quelques rappels qui permettront à notre flotte de te servir au mieux.

LES ANECDOTES DE JEANFI

CASTING AÉRIEN

Avec un psychologue, deux avocats internationaux, une styliste pour un relooking extrême – l'ancêtre de Cristina Córdula –, mon entretien d'embauche s'apparentait plutôt à un procès au tribunal de La Haye.

J'entends encore l'instructrice me dire : « Vous êtes d'une élégance toute provinciale ! » Sur le moment, je l'ai bien pris, j'étais flatté même, parce qu'il y avait le mot « élégance »... Mais, quand j'y réfléchis, le mot « provincial » me fait penser que je ressemblais à un pingouin endimanché qui sortait de sa province, ce qui était sans doute vrai à l'époque.

Ce rendez-vous ressemblait à la fashion week de New York. J'ai été mesuré sous toise, puis on m'a fait marcher tout droit sur un mètre – le plus long mètre de ma vie ! –, on m'a regardé les mains – j'ai cru que c'était madame Irma qui lisait dans les lignes que j'étais fait pour ça ! – en me disant : « Vous avez des mains de bricoleur ! » – ça tombait bien parce que je retapais des meubles à l'époque.

Maintenant que j'y pense, je me souviens que mon entretien individuel a été diffusé par la télé locale. J'avais autorisé la compagnie aérienne à le filmer, pour mettre un maximum de chances de mon côté. Ils n'allaient pas me recaler à la télévision quand même ! J'ai toujours la cassette à la maison, et ce qui est incroyable, c'est que j'ai enregistré mon entretien d'embauche sur *La Fille de l'air*, un film avec Béatrice Dalle. Eh bien, avec le recul, je me dis que c'était moi, la « fille de l'air ».

LE SAVIEZ-VOUS...

La compagnie américaine United Airlines (Boeing Air Transports, à l'époque) a été la première en 1930 à embaucher des femmes comme personnel de cabine. À partir de 1946, Air France a fait de même. Elles avaient alors une formation d'infirmière.

WE NEED
YOU !
MEET EXCELLENCE
HOW TO HIRE FASTER THAT FIRE ?

HÔTESSE DE L'AIR

UN REGARD... UN SOURIRE...

LE SAVIEZ-VOUS...

Le 15 mars 1930, Ellen Church, première hôtesse de l'air, fait son premier vol Oakland-Chicago pour le compte de la compagnie Boeing Air Transport. En uniforme d'infirmière, elle accueille les passagers, prend leurs tickets, bagages, et leur propose des boissons.

Elle change également l'inclinaison des sièges à l'aide d'une clef anglaise. Satisfaite de l'expérience, la BAT décide d'embaucher d'autres « Skygirls » de moins de 25 ans, pesant 52 kg, mesurant moins d'1,58 m, infirmières. Les compagnies concurrentes suivent le mouvement et, en 1940, un millier d'hôtesses de l'air est recruté. Le diplôme d'infirmière n'est plus obligatoire, le métier d'hôtesse de l'air vient de naître. La tenue d'infirmière est alors remplacée par des uniformes aux couleurs des compagnies aériennes.

FORMATION CREW ACADEMY

CSS, CFS, CCA, CSA, CRS, c'est comme le bac, question de génération !

Être personnel navigant, c'est très sérieux. Pour être recruté dans toutes les compagnies européennes, il faut être titulaire du CCA (Cabin Crew Attestation), le diplôme qui atteste vos connaissances en sécurité et secourisme aéronautique. Cette formation est privée et indispensable.
Par la suite, nous avons chaque année des stages afin de maintenir le niveau de nos compétences, tant sur les spécificités d'un avion qu'en sécurité, sauvetage et secourisme.

LE JOUR OÙ...

... une hôtesse a sauvé un passager d'une crise cardiaque, elle est ensuite venue vers l'instructrice qui, ce jour-là, la contrôlait, et lui a dit : « Je suis contente, je viens de ramener un passager à la vie ! ». L'instructrice, tellement obnubilée par les règles et le port de l'uniforme qu'elle était déconnectée des réalités et des priorités de la vie, lui a répondu : « Oui, mais tu n'as pas la bonne couleur de vernis, tes cheveux sont trop longs, ils touchent l'encolure de ta frégate alors qu'ils doivent être médians de ton oreille. »

Mastiqueuse de gomme à mâcher s'abstenir ! Aucune élégance à ouvrir et fermer la bouche à intervalles réguliers.

CYNTHIA'S SECRETS

Vous, si vous voulez devenir steward, il y a 7 règles d'or à connaître. Rappelez-vous, vous êtes le « sourire de la compagnie ».

VOUS VOULEZ CONNAÎTRE LES « CYNTHIA'S SECRETS » ? VOICI LES DESSOUS DU VOYAGE…

1
Être disponible, à l'écoute

2
Être impliqué, proactif

3
Être courtois, chaleureux

4
Être exemplaire dans sa tenue

5
Avoir une expertise élevée

6
Donner une information pertinente et régulière

7
Offrir un environnement accueillant

Un bon vol commence toujours par « un bonbon pour une bonne hygiène bucco-génitale » et « une petite lingette pour rincer sa nénette ».

Toujours terminer ses phrases par : « À mon niveau, je ne peux rien faire ».

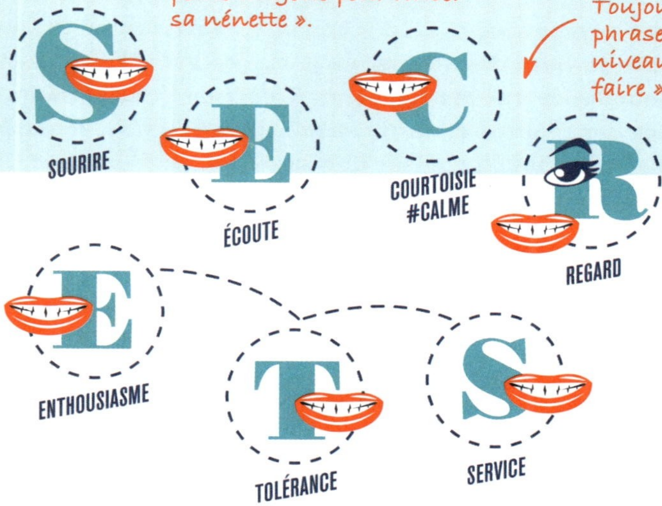

ET DIEU CRÉA... L'HÔTESSE

Nom féminin. Ne pas confondre avec normes françaises.

Définition d'une hôtesse de l'air (n.f.) : femme de l'équipage d'un avion de ligne chargée d'accueillir, de renseigner, d'assurer la sécurité et de servir la restauration aux passagers. Voir aussi : Steward, hôtesse de l'air à couilles.

ÉVOLUTION EN MILIEU AÉRIEN

LE SAVIEZ-VOUS...

Steward ou stewart ?

Réglons, une fois pour toutes, le problème. « Steward », c'est le masculin d'hôtesse de l'air. Ne pas confondre avec « Stewart » : il y a certes une homonymie, mais c'est une ville de Colombie-Britannique, une rivière canadienne, le patronyme de Kristen, Chris, un Grand Prix automobile, un théorème... Alors, vous voyez, rien à voir avec le schmilblick.

Pour devenir une hôtesse de l'air au top, il va falloir vous démultiplier un peu. Être hôtesse, c'est penser, anticiper les demandes, faire face aux imprévus, en TOUTES CIRCONSTANCES. Tour à tour, vous serez **pompier**, **psychologue**, **vendeuse**, **assistante maternelle**, **secouriste urgentiste**, **dame pipi**, **gendarme**, **cuisinière**, **sommelière**, **ouvreuse**, **femme de ménage**, **sauveteuse**, **serveuse**, etc. Après ça, une grande carrière d'actrice s'ouvre à vous.

SHIVA CYNTHIA

Le défibrillateur, j'appelle ça un « Claude François ». Assurez-vous surtout que personne ne touche le patient lors de la décharge !
PSSHHHHUUUT !!! On dort maintenant…
N'oubliez jamais, un enfant content est un futur client.
Tout feu, tout flamme, vous êtes un pompier dans l'âme.
Sécurité bien ordonnée commence par soi-même !

1 LISTE DE PASSAGERS
2 PASSAGER EN LANGAGE INTERNATIONAL DU TOURISME
3 PASSAGER DÉPORTÉ AVEC ESCORTE DE BOUT EN BOUT
4 PASSAGER RECONDUIT À LA FRONTIÈRE OU EXPULSÉ, LE DEPU EST DÉPORTÉ SANS ESCORTE, LE POLICIER L'ACCOMPAGNE JUSQU'À LA PORTE DE L'AVION
5 CODE VOL POUR PUNTA CANA
6 CODE AÉROPORT IATA (ASSOCIATION INTERNATIONALE DE TRANSPORT AÉRIEN) DE L'ÎLE DE LA RÉUNION
7 EXPÉRIENCE POSITIVE INOUBLIABLE POUR LE CLIENT
8 POSTE D'INSPECTION FILTRAGE
9 GLACE CARBONIQUE
10 DOSSIER HÔTELIER
11 KIT DE COUVERTS PLASTIQUES ET SERVIETTE EN PAPIER
12 ATTEINTE DE L'EXCELLENCE DE LA RELATION DE SERVICE
13 PERSONNE À MOBILITÉ RÉDUITE

DO YOU SPEAK STEWARD ?

En quittant ce métier, je me suis rendu compte que l'aviation avait une ribambelle d'abréviations, d'acronymes, qui étaient entrés dans mon langage courant. C'est pourtant une langue à part. Si une hôtesse vous raconte son vol, et bien ça peut donner ça :

Pendant mon dernier vol retour **PUJ**, j'ai renversé du jus de tomate sur la veste d'un **PAX** qui était **VIP CORP**. Confuse, je suis allée chercher une **OUATOSE*** avec du Perrier pour détacher sa veste. Il n'était vraiment pas content, le **PAX**, mais il s'est vite calmé. J'étais fière parce que j'avais fait une **AERS** et que j'ai créé une **EPIC**.

Un peu plus tard, j'ai retrouvé ce même **PAX** au **PIF**, à l'aéroport : il prenait un autre vol. On a refait le vol ensemble pour aller à la **RUN**. On est arrivés juste à l'heure avant le **HLE**. Et on était à peine entrés dans le **TRIPLE 7** que l'hôtesse s'est mise à râler dans le **GALLEY** parce qu'elle ne trouvait pas son **KLIN**.

Une fois installé, le passager à côté de moi s'est mis en colère parce que son écran fonctionnait mal. L'hôtesse qui était en **5 DROITE** a répondu : « Bougez pas, je vais faire un **RESET** en **2 GAUCHE**. » Le passager suivant, c'était son siège qui dysfonctionnait. Ça m'a gênée parce qu'il était **FLYING BLUE PLATINUM FOR LIFE/SKY PRIORITY** – c'était écrit sur la **PIL**.

Il y avait aussi deux **PMR** qui étaient en **Y** et voulaient utiliser leurs miles pour être **UPGRADÉS** en **J**. Comme ce n'était pas écrit sur l'**IPAD**, on leur a proposé de se mettre sur le **QUADRIPLACE** à l'arrière, mais deux **DEPA** et un **DEPU** étaient coincés devant le **TROLLEY**. À un moment, l'un d'eux a pris de la **CARBO** sur le trolley et a commencé à me la jeter. Moi, je me suis défendue en lui lançant des **COMPLEXES**. On s'est battus avec du **BIS/MEL**. Puis on a tout ramassé et tout débarrassé sur la **TORTUE**. On a rangé dans la voiture **ATLAS**. Ouf ! J'étais soulagée. »

* Retrouvez le sens des mots et du texte en solutions en page 160.

BIZUTAGE

Dans toutes les compagnies aériennes, la tradition veut qu'on fasse un bizutage de bienvenue à la nouvelle recrue... Il est de coutume de lui présenter le steward de réserve. Alors à un moment du vol, on lui dit : « Tiens, je suis fatigué, va donc me chercher le steward de réserve. »

La nouvelle recrue prend alors toujours un air ébahi et dit : « Comment ça, le steward de réserve ? » Et de lui répondre : « Bah, oui, sur tous les vols, lorsque nous sommes fatigués, nous avons une hôtesse ou un steward de réserve qui se trouve dans un placard ou un coffre à bagages pour nous remplacer. »

Dubitatif, le nouveau se dirige alors vers le coffre à bagages, sans trop y croire, et... SURPRISE !!! surgit alors un steward qui dit : « Oui, bonjour, c'est pour le steward de réserve ? »

DEVINETTE

Qu'est-ce qu'un AvGeek ?

Un AvGeek est une personne mordue, un admirateur, un collectionneur, de tout ce qui concerne le monde de l'aviation.

LES ANECDOTES DE JEANFI

MON PREMIER JOUR DANS LA COMPAGNIE

Pour devenir steward, il a quand même fallu que je fasse quelques aménagements. J'ai d'abord gommé mon accent du Nord, baissé ma fréquence vocale. Je parle bien : « Bonjour, bienvenue à bord ! »
Et puis, de temps en temps, ça revient : « Un verre d'eau, hein ! » Parfois, j'avoue que je le fais exprès ! Quand les gens me parlent mal : « Tu veux que je te la fais réchauffer, ta cassolette ? »

Je dois vous faire une confidence : je ne crois pas être monté dans un avion avant d'avoir fait ma formation. Je ne maîtrisais pas très bien ni l'espace ni le milieu. Je crois que j'étais aussi effrayé que certains passagers, malgré une formation intense concernant les règles de sécurité, le secourisme… J'avais ce rapport complètement nouveau à l'avion, qui ne m'avait jusque-là pas trop intéressé. Je suis cartésien, commercial, fantaisiste, et je suis toujours émerveillé de voir que ce grand truc en fer arrive à s'élever et à partir dans le ciel. Je trouve cela toujours aussi magique, même après dix-neuf ans de vol.

> J'AI D'ABORD GOMMÉ MON ACCENT DU NORD MAIS PARFOIS, J'AVOUE, ÇA REVIENT : « UN VERRE D'EAU, HEIN ! »

Pour intégrer « l'élite de la nation », j'ai fait attention à ma ligne et gardé une harmonie taille/poids exceptionnelle. J'ai fait des week-ends de sport, du coaching/surfing, sport/coiffeur, quoi !

Je me rappelle mon premier jour. J'étais tout pimpant, bien habillé avec mon nouveau costume, chic, taillé par un grand couturier. J'étais fier. Je portais mon insigne comme le Saint-Graal. C'était « mon précieux » à moi, comme dirait Golum dans le film *Le Silence des anneaux*… *Le Seigneur des agneaux*… bref, t'as compris.

Pour mon premier vol, j'avais peur. Terriblement peur. D'autant que, dans un souci d'intégration, le commandant avait cru bon de me faire une bonne blague. Quand tu commences, tu crois tout ce qu'on te dit. Au moment de l'atterrissage, le train (la sortie des roues, quoi !) ne descendait pas, alors le commandant m'a dit :

— Écoute, on a des difficultés à faire sortir le train d'atterrissage. Est-ce que tu pourrais sauter au milieu de l'avion ?

— Bien sûr, commandant.

Je me suis immédiatement exécuté. Je m'en suis allé au milieu de l'avion, j'ai sauté. Tous les gens me regardaient bizarrement, et moi, persuadé que j'étais en train de leur sauver la vie, je sautais avec conviction, de plus en plus belle. J'entendais les passagers qui me disaient :

— Mais qu'est-ce que vous faites ?

— C'est pour le train ! criais-je.

Eh ben, ouais, le commandant m'a fait sauter au milieu de l'avion pour sortir les trains d'atterrissage, et il était sérieux. C'était mon premier vol, j'y ai cru ! Ça commençait bien et laissait présager une grande carrière. L'équipage était mort de rire.

Mon tout premier vol ? C'était en décembre, il faisait froid. Ma première destination ? Pointe-à-Pitre. Waouh ! J'allais prendre un peu de soleil quand mes petits camarades, eux, allaient se les geler en France. Je me souviens que, dans la salle de briefing, l'équipage était tiré à quatre épingles : les chignons impeccablement dressés, les foulards noués, les cravates au garde-à-vous. Le vouvoiement était de rigueur en cabine entre les membres de l'équipage.
Par exemple, dans l'aérien, on ne dit pas : « Lucette, il te reste du jus d'orange ? », mais très aimablement : « Lucette, vous resterait-il du jus d'orange pour le passager hublot siège 34A ? Je vous en remercie vivement ! »
Le premier vol m'a paru un peu long, mais je me suis dit : « C'est mon métier maintenant ! »

[JE ME SUIS DIT : "C'EST MON MÉTIER MAINTENANT !"]

Sur certaines destinations, on est attendu à l'arrivée avec un cocktail. Et, à Pointe-à-Pitre, ce n'est pas avec du jus de papaye qu'on t'accueille, mais avec du ti-punch. À peine arrivés à l'hôtel, tout le monde s'est jeté dessus, moi compris. Les chignons commençaient à perdre leurs épingles, les cravates se desserraient, les robes se déboutonnaient, les tenues laissaient à désirer. Au fur et à mesure de la soirée, c'était brinquebalant, on s'organisait tant bien que mal pour aller se coucher. On ne comprend pas toujours qu'il y a six heures en moins. On est légèrement éméché, on est crevé et on dort mal, parce que la faim nous taraude à 1 heure du matin.
Le lendemain, au petit déjeuner, on se retrouve avec un personnel hôtelier à l'accueil approximatif qui dit avec son accent créole : « Une kwevette à la fois ! » « La fatigue me jette à terre » ! Pendant que toi, tu essaies de retrouver ton équipage parmi les robes bain de soleil, les motifs gothiques ou les piercings, tu crois reconnaître un semblant de visage de tes charmantes collègues hôtesses. Plusieurs fois, je me suis trompé et je me suis mis à côté d'une touriste, lui parlant pendant un quart d'heure de mon vol de la veille, avant de m'apercevoir que je ne la connaissais pas.

> **Comme dit ma mère...**
>
> **Mon fils, il est taillé dans un piston de Solex, gaulé comme une arbalette !**

TA VIE SOCIALE

Ton planning est donné un mois et demi avant, alors tu as intérêt à te manifester auprès de tes amis parce qu'ils pensent que tu n'es jamais là avec ta vie de « privilégié ». En fait, tu es là, mais tu es souvent en train de dormir, comme un bon zombie, pendant les premières vingt-quatre heures suivant ton dernier vol. Il faut toujours te manifester auprès d'eux pour dire que tu es vivant, que tu n'as pas une maladie, que tu n'es pas en quarantaine ou que tu ne t'es pas crashé…

Tu t'es tellement vanté d'avoir acheté des objets pas cher à Caracas ou Bogota que tes chers amis te font leur liste de courses, sans avancer d'argent, évidemment. Sauf que, lorsque tu rentres, ils sont frappés d'amnésie ou ils ont changé d'avis, alors tu te retrouves avec des objets dont tu ne sais que faire, empilés dans tes armoires, qui finissent sur les sites de troc.

LA DÉSHYDRATATION

Être steward, c'est accepter que ta vie soit un peu décalée, comme ton corps, d'ailleurs ! Tu vois ton corps se dessécher vol après vol, parce qu'il faut savoir qu'en altitude l'air est très sec. Et si tu ne bois pas un litre d'eau toutes les quatre heures quand tu es en activité, tu peux mourir de déshydratation : on peut te retrouver comme un pruneau tout desséché qu'il faut jeter dans un seau d'eau pour le regonfler.

Sans compter qu'il n'est pas rare d'avoir un gros « Bolino » sur une jambe… des varices te menacent quotidiennement, puisque le retour veineux ne se ferait pas bien dans l'avion. Toi, tu as l'impression qu'on porte des bas résille, mais non, c'est bien des varices qui nous envahissent.

Heureusement, on a la solution : les bas de contention à trente mille deniers qui rétrécissent après trois lavages en machine ! Tes jambes fuselées ressemblent à des jambes en mousse – à tel point que tu as l'impression d'être « Bécassine, c'est ma cousine ! » – au bout desquelles tu ajoutes des talons-chaussons qui ressemblent à des barquettes !

VIS MA VIE DE

[UN PASSAGER ME DIT UN JOUR : « VOUS ÊTES MIGNON, VOUS ÊTES DU CAUCASE ? » JE LUI RÉPONDS : « NON, JE SUIS D'OCCASE ! »]

ET L'AMOUR DANS TOUT ÇA ?

Mieux vaut avoir croisé l'amour avant d'être PNC (Personnel Navigant Commercial), car, dans le cas contraire, le changement de vie est souvent un tournant difficile. Les contraintes de ce métier peuvent être néfastes à une vie de couple épanouie : pratiquement pas de week-ends, horaires décalés, etc. Plus les années ont passé et plus les escales se sont raccourcies. Elles sont moins propices au rapprochement qu'autrefois.

« Comme dit ma mère...

L'amour, c'est pas à la carte, tu commandes un menu complet et je peux te dire que tu dégustes ! »

LE BRIEFING

En gros, c'est là qu'on t'annonce toutes les merdes que tu vas te prendre dans la gueule durant le vol !

Le briefing, c'est la première étape du vol, lorsque l'équipage se rassemble quelques heures avant l'horaire. Dans une salle spécifique, les navigants prennent connaissance des informations et particularités du vol, et de leur emplacement en cabine… C'est la première étape d'une rotation. Il permet la présentation entre les membres d'équipage de conduite et ceux de cabine.

Le chef de cabine prend contact avec le personnel de conduite pour se présenter puis obtenir le dossier du chef de cabine, dans lequel seront mentionnées les informations nécessaires au vol, et prendre connaissance d'informations complémentaires et utiles pour l'organisation de son travail :

- la destination ; (C'est là où qu'on va !)
- le temps de vol ; (La durée du vol (inclut le retard du passager qui est toujours dans la zone duty free).)
- la météo et les turbulences, les risques d'orage durant le vol ; (Tout ce que te dit le baromètre, les températures…)
- les particularités de l'escale (zones à risque pour certaines villes) ;
- les particularités en matière de sécurité et sûreté ; (C'est là qu'tu vérifies ton assurance-vie.)
- la liste des passagers à particularités (WCH, INF, INAD, UM, VIP…) ; (Ce n'est pas les AOC, mais les non-voyants, les malentendants, les personnes à mobilier réduite…)
- la liste des repas spéciaux ; (Les graines pour herbivores mais aussi les repas casher, hindou, halal, sans gluten, végétalien, végétarien, végétarien indien avec laitage sans œuf, repas sans sel, diététique sans sauce, sans allergènes, etc.)
- le nombre d'enfants voyageant seul ; ("Les Rémi sans famille", on les appelle.)
- les animaux (ceux qui voyagent dans leur sac et ceux qui voyagent près de leur maître en support émotionnel) ; (Un vrai zoo en cabine !)
- la préparation du vol : zone critique/zone de confort.

Ces informations peuvent aussi être incluses dans le briefing effectué plus tard par le commandant de bord à l'intention de l'équipage commercial.

LES CLASSES

J'étais sur les long-courriers – les « gros porteurs », qu'on appelle ça : ça me faisait rêver… Je n'ai pas choisi la classe économique, parce qu'on passe moins de temps avec chaque personne, on a un ratio plus important de passagers. J'aimais bien travailler en classe affaires : là où sont les hommes d'affaires – déjà, si je veux dégoter un mari, ce n'est pas derrière que je vais le trouver, c'est devant ! Je n'ai pas envie de faire des Cofidis toute ma vie, moi !!!

[LA MAJEURE PARTIE DES STEWARDS PRÉFÈRENT ÊTRE EN QUEUE POUR VOIR LES NOUVELLES TÊTES, MOI, JE PRÉFÈRE L'INVERSE !]

MOYEN OU LONG-COURRIER

Le moyen-courrier se définit par la durée de vol, et non par la taille des ailes de l'appareil. À plus de cinq heures autour de Paris, tu passes en long-courrier. La grande différence entre les deux, c'est que, moyen-courrier, tu découches plus souvent et que tu as moins de temps en escale pour découvrir la capitale. En général, passé un certain âge, les stewards reviennent sur des court ou moyen-courriers, et évitent de cumuler les nuits blanches à bord.

Regarde toujours les ailes de l'avion pour savoir sur quel type d'engin tu voles !

LÉGENDE AÉRIENNE

Une passagère monte en avion et s'assied en première classe. L'hôtesse lui demande poliment de respecter le numéro de siège inscrit sur son billet et de se rendre en classe économique. La passagère lui répond :
— Je suis intelligente, j'ai un bon travail et je reste en première classe.
L'hôtesse, pour éviter un esclandre, demande l'aide du copilote, qui va voir la passagère et lui parle à l'oreille. Immédiatement, celle-ci se lève et se dirige vers l'arrière de l'appareil, en classe économique. L'hôtesse demande alors au copilote ce qu'il lui a dit. Le copilote lui répond :
— Je lui ai dit que la partie avant de l'avion n'allait pas au même endroit que l'arrière !

L'ÉQUIPAGE : LA FLY TEAM

Un bon équipage, c'est super important quand on est steward. D'abord, parce que c'est avec lui que tu vas passer toute ton escale. Ensuite, parce que, grâce à lui, l'ambiance dans l'avion sera meilleure pour tout le monde, y compris les passagers. Avec environ 13 000 stewards et hôtesses dans certaines compagnies, il est assez rare de croiser deux fois le même collègue sur le même vol.

> Comme dit ma mère…
>
> **Un bon équipage, c'est comme une mayonnaise : ça prend dès le début ou ça prend pas !**

un équipage bien choisi, c'est un vol réussi !

L'équipage est généralement constitué par les membres d'équipage de conduite :

• le **PNT** (Personnel Navigant Technique), composé d'un **CDB** (Commandant De Bord) et d'un **OPL** (Officier Pilote de Ligne) ou deux selon la durée du vol ;

et par l'équipage en cabine :

• le **PNC** (Personnel Navigant Commercial), composé de :

- un Chef de Cabine Principal, appelé **CCP** (sur les avions long-courriers) ;
- un Chef de Cabine, appelé **CC** (sous la responsabilité d'un **CCP** sur les long-courriers) ;
- des hôtesses et stewards.

L'ensemble de l'équipage est placé sous les ordres du commandant de bord.

Son rôle est d'assurer la sécurité, la sûreté, le confort et le bien-être des passagers. Il veille au respect des procédures et règles de sécurité et sûreté. Il met en œuvre la relation commerciale de la compagnie avec ses clients et le service en cabine.

EN NOTRE COMMANDANT *NOUS CROYONS...*

Equateur
ON NE VOIT JAMAIS LA LIGNE !

Moscou
LÀ, IL FAIT FROID !

Rio
ATTENTION LES MOUSTIQUES POUR LE PALU !

Paysages magiques, joie de vivre... Les quatre centres d'intérêt : la religion, le sexe, le foot, le carnaval... Si vous en affectionnez un, votre séjour sera réussi. Je vous laisse deviner ma préférence.

Séoul
LES BOULES !

C'est un peu conditionné, c'est tout beau, tout neuf, mais on s'ennuie un peu. Les Séoulites travaillent comme des fourmis. Personnellement, j'ai passé mon temps à me faire des super jus de fruits à l'hôtel... Et après, je n'ai fait qu'aller aux toilettes.

CAP SUR LES... DESTINATIONS

Steward, c'est un métier qui peut faire rêver. Il y a de nombreux avantages : les cocotiers, les plages de sable fin... Quand il fait - 10° C à Paris, toi, tu es sous les tropiques à te faire lécher le torse par les rayons du soleil...
Souvent, tu pars vers des destinations touristiques exceptionnelles : Rio pour la nouvelle année, Bangkok pour aller voir Bouddha couché, Shanghai pour apprendre à manger des nems ou New York pour aller faire des emplettes. Mais il y a aussi des inconvénients. Tu dois de temps à autre aller dans des destinations dont personne ne veut, des destinations parfois instables géopolitiquement ou moins touristiques – même toi, tu ne sais pas où tu te trouves sur la carte : par exemple, Pointe-Noire en république du Congo, Port Harcourt au Nigeria – rien à voir avec les studios de photo, je te le dis ! –, ces destinations avec du pétrole où se sont installés de gros groupes pétroliers. Parfois, tu joues un peu à Robinson Crusoé, puisque là-bas la plupart des hôtels ont souvent des coupures d'eau ou d'électricité. Et, lors de l'escale, tu fais au mieux le tour de tes toilettes.
Je me souviens d'être arrivé à Pointe-Noire et d'avoir demandé au chauffeur :
— On est loin du centre-ville ?
Et lui de me répondre :
— C'est ici.
Il y a des destinations « à risque » aussi : le Japon avec ses tremblements de terre, Hong-Kong avec ses typhons, les Antilles avec les cyclones, certains pays d'Afrique avec le palu (entre autres), sans parler des destinations aux régimes politiques fragiles qui nécessitent pour notre sécurité, une vigilance particulière. Ça change des plages et des cocotiers !

[N'OUBLIEZ PAS QUE, SELON L'HÉMISPHÈRE OÙ VOUS VOUS RENDEZ, LES SAISONS SONT INVERSÉES. COMBIEN SE SONT RETROUVÉS EN TONGUES EN AFRIQUE DU SUD EN JUILLET PAR - 5° C.]

MONTRÉAL (CANADA)
PLUTÔT DOUDOUNES OU FOUFOUNES ?

L'hiver avec ses galeries souterraines, ses très basses températures, très loin de ce qu'on a l'habitude de vivre. L'été, beaucoup de festivals d'humour, de concerts, la fameuse rue Sainte-Catherine avec ses bars, ses magasins où l'on fait des affaires – les ourlets se font sur place pour rien du tout ! Les Montréalais sont charmants, accueillants. Les paysages varient au gré des saisons, c'est magnifique !

À DÉCOUVRIR : Boire un verre aux Foufounes électriques. Super sirop d'érable !

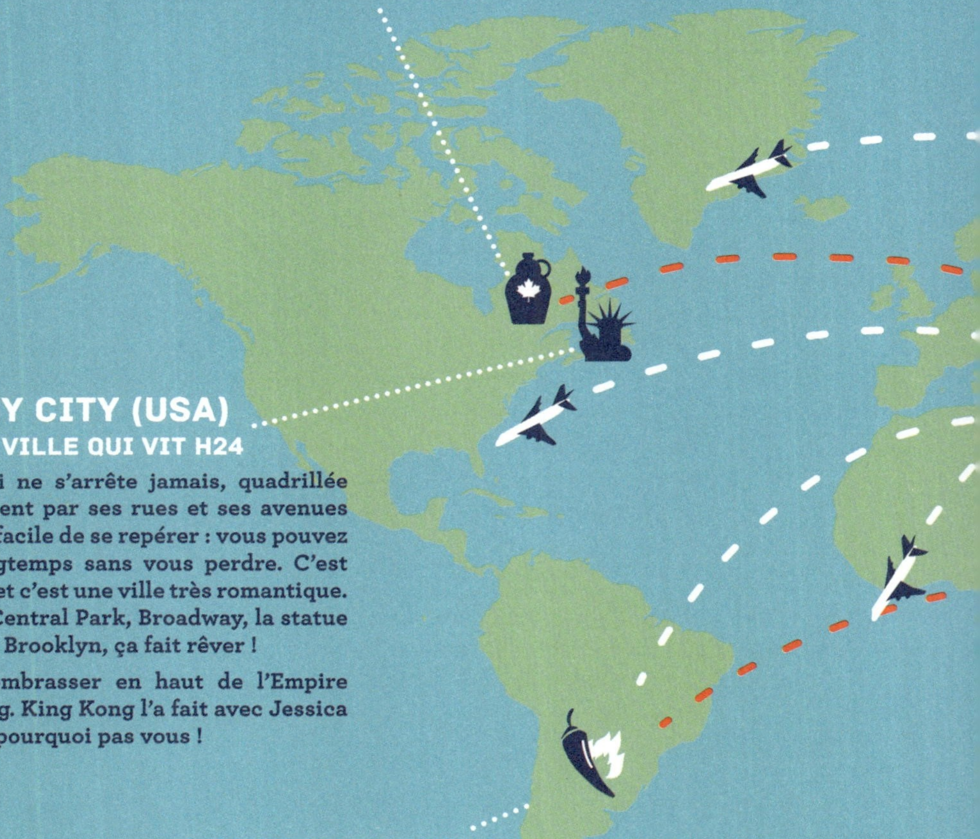

NY CITY (USA)
LA VILLE QUI VIT H24

Une ville qui ne s'arrête jamais, quadrillée minutieusement par ses rues et ses avenues où il est très facile de se repérer : vous pouvez marcher longtemps sans vous perdre. C'est cosmopolite et c'est une ville très romantique. Manhattan, Central Park, Broadway, la statue de la Liberté, Brooklyn, ça fait rêver !

À FAIRE : S'embrasser en haut de l'Empire State Building. King Kong l'a fait avec Jessica Lange, alors pourquoi pas vous !

SANTIAGO (CHILI)

Santiago, ville magnifique qui regorge d'histoire, dont l'émotion est palpable, protégée par la cordillères des Andes. Le pays à la géographie la plus extravagante, très long et étroit. Des paysages merveilleux à survoler en hélicoptère, à parcourir à cheval ou en ski. Les Chiliens ont une joie de vivre que je ne retrouve nulle part ailleurs.

À DÉCOUVRIR : Pichilemu, son paysage lunaire, ses plages de sable noir et ses vagues de 9 mètres – pour les amateurs de surf ou non –, son monastère, monument national, et ses « *mote con huesillos* » à déguster.

STOCKHOLM (SUÈDE)

LA VILLE ÉCOLO AVEC SES BATEAUX ET SES VÉLOS

Stockholm est, je crois, une des villes les plus chères d'Europe. Prendre un verre dans un Ice Bar et surtout partir à la chasse aux aurores boréales. Prendre l'avion jusqu'à Luleå, admirer le cercle polaire, parce qu'on croit que le soleil passe la ligne d'horizon, et paf ! il remonte dans l'autre sens. Attention, névrosés s'abstenir : plus fort taux de suicide rapport à l'obscurité, l'hiver il fait nuit tout le temps.

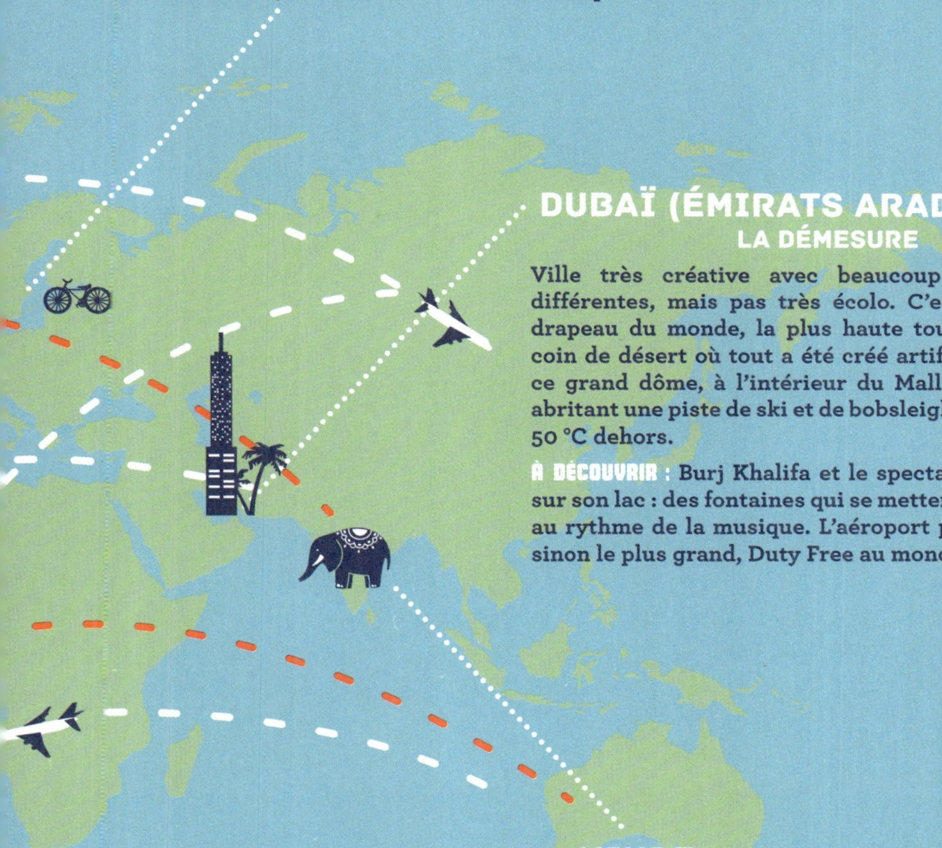

DUBAÏ (ÉMIRATS ARABES UNIS)

LA DÉMESURE

Ville très créative avec beaucoup d'architectures différentes, mais pas très écolo. C'est le plus grand drapeau du monde, la plus haute tour du monde, un coin de désert où tout a été créé artificiellement. Voir ce grand dôme, à l'intérieur du Mall of the Emirates abritant une piste de ski et de bobsleigh – alors qu'il fait 50 °C dehors.

À DÉCOUVRIR : Burj Khalifa et le spectacle de jets d'eau sur son lac : des fontaines qui se mettent en mouvement au rythme de la musique. L'aéroport possède l'un des, sinon le plus grand, Duty Free au monde.

L'INDE

PARFOIS ELLE T'ENCHANTE, PARFOIS TU DÉCHANTES !

Elle est majestueuse, enivrante, avec ses fleurs, ses épices, sa population, mais très déroutante avec ses castes « les intouchables », sa dualité entre ses traditions ancestrales (divinités, vaches sacrées…) et ses mégalopoles, ses temples silencieux et ses embouteillages, le froid de l'Himalaya au nord et le chaud des plages paradisiaques au sud. Une culture riche mais très compliquée. J'ai été marqué par l'extrême pauvreté.

À DÉCOUVRIR : Le Taj Mahal, les tissus de Madras, le Toy Train Kalka-Shimla à 30 km/h, une expérience !

JUNEAU (ALASKA)
CELÈBRE POUR SA DANSE, LA "TECTONIQUE"

Un endroit magnifique avec ses glaciers, ses icebergs, ses volcans, ses banquises à perte de vue, ses pingouins, ses ours, son père Noël et ses farandoles de lutins... C'est un endroit exceptionnel, mais que je n'ai malheusement jamais vu.

À DÉCOUVRIR : La mère de l'iceberg vieux de 100 000 ans qui déchira le flanc du *Titanic* et causa sa perte.

SAN FRANCISCO (USA)
L'ELDORADO GAY

Une ville à taille humaine, à la luminosité incroyable, avec ses collines, son joli cœur de ville et ses maisons victoriennes, son tramway (un cab), ses super magasins. Très ouverte, la ville a lancé de nombreuses tendances aux États-Unis.

À DÉCOUVRIR : La prison d'Alcatraz, le Pier 39, ses bars et ses « lions du ponton », les phoques s'y reposent, le Golden Gate...

BOGOTA (COLOMBIE)
LA TROISIÈME PLUS HAUTE CAPITALE DU MONDE !

La ville est surnommée « l'Athènes sud-américaine ». Centre économique, politique du pays, très culturel avec ses festivals du monde entier. Premier producteur mondial de roses, belles et pas chères. Ville jeune et dynamique, où on sort beaucoup la nuit.

À DÉCOUVRIR : Visitez la Cathédrale de sel, à l'extérieur de Bogota, une église construite à l'intérieur des mines de sel. Et Carthagène, plus loin : 12 kilomètres de remparts, dont la Torre del Reloj, porte inscrite au Patrimoine mondial de l'Unesco.

NAPLES (ITALIE)

VOUS N'EN REPARTIREZ PAS INDIFFÉRENT

Dépaysement à coup sûr avec les Napolitains, très extravertis, ses marchés de rue, le linge qui pend aux fenêtres. Ça klaxonne, ça parle dans tous les sens. Riche en histoire avec ses monuments antiques, non loin du Vésuve et des ruines de Pompéï, figées il y a 2 000 ans. Se méfier de la contrefaçon des marchés de rue : il n'est pas rare d'acheter une chemise à laquelle il manque une manche !

À DÉCOUVRIR : La côte amalfitaine... Se relaxer avec un *ristretto* ou un *limoncello* devant l'horizon à perte de vue, découvrir ses petites criques... Le temps s'est un peu arrêté.

BANGKOK (THAÏLANDE)

LA CITÉ DES ANGES...

Un de mes spots préférés, qui me « sérénise »... Avec le magnifique Wat Pho, temple du Bouddha couché, et sa population généreuse qui vénère les dieux en leur faisant des offrandes... La nourriture à base de curry vert, curry rouge, citronnelle, est exceptionnelle. Découvrir les restaurants de rue dignes des plus grands restaurants gastronomiques et les marchés flottants de « locaux » qui vendent les produits de l'arrière-pays. Faire aussi le nord (Chiang Mai) à dos d'éléphant, la route de la soie, ou les îles Koh Samui, Phuket, Koh Phi Phi avec ses plages naturelles et les meilleures « *Full Moon Parties* ».

À DÉCOUVRIR : Les grandes boîtes de nuits, où les DJ du monde entier se rendent, dont certaines ont été designées par Starck, comme le Banyan Tree et son *rooftop*... Allez manger au Birds ou danser au Sing Sing, c'est mon pote !

CAPE TOWN (AFRIQUE DU SUD)

C'est l'Ibiza de l'Afrique du Sud et la vie y est peu chère. C'est le seul endroit où les chiens et les pingouins cohabitent. Allez au cap de Bonne-Espérance : à couper le souffle.

QUEL SIÈGE CHOISIR ?

Vous êtes arrivé tôt, vous avez un vaste choix de places disponibles : bravo, première étape réussie ! Encore faut-il savoir quel siège choisir. Malheureusement, le siège parfait n'existe pas (ça se saurait). À vous d'établir vos priorités. Quelques pistes :

POUR ÊTRE LE PREMIER À SORTIR

↘ Demandez à être placé en tête de l'appareil, là où s'effectuent le plus souvent la montée et la descente des passagers.

POUR POUVOIR ÉTENDRE VOS JAMBES

↘ Sachez que les places les plus spacieuses sont celles situées au niveau des issues de secours. Elles sont réservées à des adultes en bonne forme physique, aptes à ouvrir la porte manuellement en cas d'urgence.

POUR NE PAS RESSENTIR LES SECOUSSES DE L'APPAREIL

↘ Sachez que les sièges situés au niveau des ailes sont les plus stables.

POUR NE PAS SUBIR LE BRUIT DES RÉACTEURS

↘ Choisissez une place en tête de l'appareil. Elles sont, a priori, les moins bruyantes.

POUR POUVOIR DORMIR OU VOUS REPOSER

↘ Évitez bien sûr les sièges côté couloir.

POUR PROFITER DE LA VUE

↘ Faites-vous installer loin devant ou loin derrière les ailes qui obstruent les hublots.

POUR ÊTRE SERVI EN PREMIER AU MOMENT DES REPAS

↘ Optez pour un siège près des cuisines, souvent situées à l'arrière de l'appareil.

SI VOUS VOYAGEZ AVEC UN BÉBÉ

↘ La première rangée de chaque zone dispose d'un espace suffisant pour suspendre les berceaux.

DERNIÈRE ASTUCE, POUR LES VOLS NON PLEINS

↘ Monter à bord le dernier permet de repérer les rangées de sièges inoccupés et éventuellement de s'installer sur plusieurs sièges.

LES SIÈGES À PROSCRIRE ABSOLUMENT

↘ La dernière rangée, dont le dossier des sièges s'abaisse moins, voire pas du tout.

CYNTHIA'S SECRETS

MES PETITS CONSEILS VANITY

1
Mettez un signe distinctif sur votre bagage.

2
Indiquez lisiblement vos coordonnées sur une étiquette à bagage.

3
Mettez dans votre bagage cabine vos objets précieux, médicaments, papiers importants, et une tenue de rechange au cas où.

4
Souscrivez à une assurance !

5
Mettez une feuille A4 à l'intérieur de votre valise indiquant vos nom, prénom, adresse, numéro de téléphone au cas où l'étiquette à bagage serait perdue. #doubleastuce

LE TRUCMUCHE DE CYNTHIA

Cherche et trouve dans l'image :

Coucou !

EN VOL...

Non, mais parce que ça s'est vachement démocratisé, l'aérien. C'est fini l'aviation de prestige avec le caviar et les cuillères en argent ! Maintenant tout le monde voyage, tout le monde est dans l'avion ! Même les « sans-dents » !

Un accueil réussi, c'est 50 % du vol garanti.

ACCUEIL DES PASSAGERS

L'embarquement est un passage essentiel. On dit que l'esprit humain prend de 8 à 60 secondes pour se forger une opinion lorsqu'il rencontre une nouvelle personne. Tu as donc en moyenne 30 secondes pour faire bonne impression. Dans l'avion, le passager que tu ne sens pas à l'accueil est en général celui qui te met la misère pendant tout le voyage. Tu as beau appliquer le « Bonjour, bienvenue à bord ! » avec ton plus beau sourire, lui présenter ton kit bonbon-lingette, rien n'y fait !

C'est un moment crucial pour l'équipage. Les passagers sont « scannés » afin de repérer ceux à particularités : ceux qui pourraient avoir peur de l'avion, ceux qui pourraient être dans un état d'ébriété avancé, ceux qui pourraient être aptes à nous aider en cas d'évacuation.

UNE PASSAGÈRE ME PRÉSENTE SA CARTE D'EMBARQUEMENT : « LE G, C'EST PLUS PROFOND ? » JE LUI RÉPONDS : « LE Q, C'EST PAS MAL NON PLUS. »

LE JOUR OÙ…

… je me suis senti seul au monde. Un passager avait fait une double réservation parce qu'il était en surpoids et espérait avoir ainsi plus d'espace pour voyager confortablement. Malheureusement, il s'est retrouvé avec des sièges séparés, l'un derrière l'autre !

DEVINETTE

Sais-tu pourquoi, quand on fait un appel au micro pour demander aux PAX des rangs 17 à 32 de se présenter en porte d'embarquement, il y a toujours des gens des rangs 1 à 5 qui se présentent ? Non ? Moi non plus.

Un PAX, ce n'est pas ton conjoint, c'est une personne qui voyage, un passager, en résumé.

> Comme dit ma mère...
>
> **Des bonbons, une lingette, du chauffeur Uber, le steward est l'ancêtre.**

JAMAIS SANS MON JOURNAL

Quand les passagers montent à bord, ils ont des journaux gracieusement offerts par les compagnies aériennes. Ils se servent, en prennent 4, 5, tout à fait conscients que les 200 personnes derrière eux n'en auront plus… mais ce n'est pas grave ! Sachant que 41 % des Français lisent en moyenne un hebdo par jour, si tous prenaient l'avion, ça relancerait l'imprimerie française.

T'as rien compris ! Je pense que les Français sont fans du recyclage ou experts en cocottes en papier !

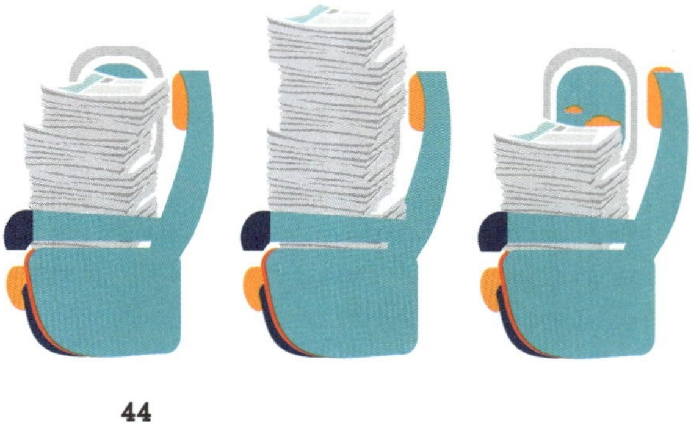

LE SAVIEZ-VOUS…

Pourquoi on monte toujours à gauche dans un avion ? Cette habitude pourrait venir des chevaliers du Moyen Âge qui enfourchaient leur cheval par l'étrier gauche afin de ne pas blesser leur monture avec leur épée. Un procédé qui aurait ensuite traversé les époques. Le plus important n'est pas de savoir de quel côté on entre dans un appareil, mais de pouvoir en sortir en toute sécurité.

[UNE FOIS, AVEC L'ÉQUIPAGE, JE DONNAIS LES NUMÉROS DE SIÈGES B12, C11, ET LES COLLÈGUES RÉPONDAIENT TOUR À TOUR : « TOUCHÉ ! », « COULÉ ! », ON AURAIT DIT LA BATAILLE NAVALE. ÇA MARCHAIT AUSSI AVEC LE LOTO.]

ENTENDU EN VOL

Une passagère voyage avec son bébé dans son Maxi-Cosi sur le siège d'à côté. Une hôtesse lui demande de le mettre dans le coffre pour ne pas gêner le passage. Quelques minutes plus tard, l'hôtesse revient avec une ceinture pour bébé, mais ne voit plus le bébé. Elle demande à la passagère : « Où est votre bébé ? » La passagère lui répond en levant les yeux : « Dans le Maxi-Cosi. » L'hôtesse ouvre le coffre. Le bébé était toujours confortablement installé dans le Maxi-Cosi, placé dans le coffre.

MA TROUSSE D'OBJETS UTILES EN AVION

LISTE DES INDISPENSABLES PETITS ENCOMBRANTS À NE PAS OUBLIER POUR UNE EXPÉRIENCE VOYAGE RÉUSSIE

HYGIÈNE

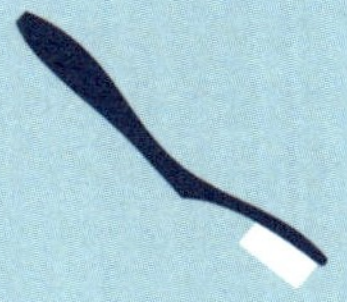

LINGETTES NETTOYANTES
MINI-KIT BROSSE À DENTS
FIL DENTAIRE
MINI-DÉODORANT
SEMELLES CHARBON ACTIF, TRÈS EFFICACES CONTRE LES ODEURS
CITRATE DE BÉTAÏNE
1 DOLIPRANE

CONFORT

BOULES QUIES
MASQUE SOMMEIL
HUILE ESSENTIELLE DE LAVANDE
OREILLER COU
PETITE COUVERTURE DE VOYAGE
BAS DE CONTENTION

LOISIRS

ADAPTATEUR PRISE INTERNATIONALE
BATTERIE EXTERNE
CASQUE AVION ET SON ADAPTATEUR
LISEUSE ÉLECTRONIQUE
LIMONADIER
COMPTEUR PASSAGERS

VIS MA VIE DE

EN SORTANT DES TOILETTES, UN PASSAGER DE PREMIÈRE CLASSE M'A REMERCIÉ ET DONNÉ UNE PIÈCE DE 2 EUROS. JE LA LUI AI RENDUE EN RÉPONDANT : « DE RIEN, QUAND ON PEUT DÉPANNER ! »

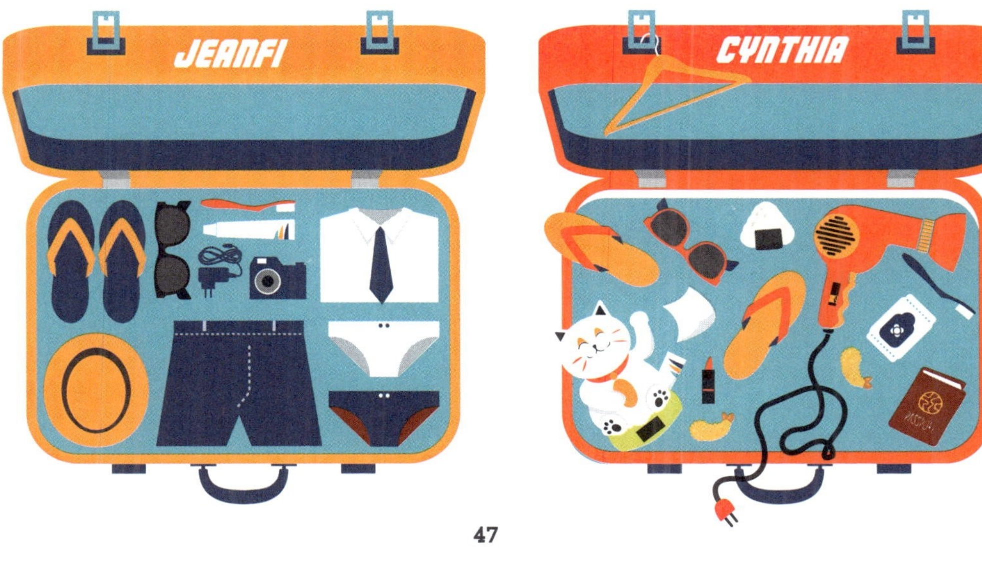

UN BAGAGE GREFFÉ AU POIGNET !

Les passagers préfèrent toujours prendre leurs bagages avec eux. Ils ne veulent jamais enregistrer leur valise. « C'est plus pratique, tu comprends ! » Mais un avion n'est pas extensible. Quand un avion est plein comme un œuf, il est plein ! Nous, PNC, on essaie de tout faire pour satisfaire les passagers et faire rentrer leurs bagages dans les coffres, si bien qu'on joue à Tetris avec les valises. Parfois, les gens ont des réactions bizarres : ils font un signe de la tête, ils ne te parlent pas, ils te font juste un signe genre : « Prends-la ! »
Du coup, la dernière fois qu'un passager m'a demandé de mettre sa valise dans le coffre en pointant son bagage du doigt, j'ai tapé des deux mains. Clap ! Clap ! Comme ça, comme elle fait, ma sorcière bien-aimée. Rien ne s'est passé. Alors j'ai dit poliment : « J'suis désolé, monsieur, mais avec moi non plus elle ne veut pas y aller. J'ai dû laisser mes pouvoirs sur le vol d'avant ! »

ANNONCE DE BORD

Les annonces de bord m'amusent beaucoup.
D'abord, tu es super concentré, tu donnes la réplique à la lettre (on doit sentir le sourire dans ta voix), tu t'appliques pour faire les gestes que tu répètes au millimètre, tu as quand même fait une formation pour ça. Ensuite, parce que tu vois très bien que les passagers au fond, ils s'en moquent un peu. Entre celui qui prend l'avion pour la première fois et qui a les yeux rivés sur les issues de secours, et les initiés qui pensent à autre chose – celui qui regarde son téléphone, celui qui se cache derrière son journal, les amoureux qui se bécotent et celui qui te mate le cul…
Mais c'est comme une chorégraphie, un happening. Je me demande toujours si, en cas de problème, les passagers donneraient un coup de coude à leur voisin : « Qu'est-ce qu'il a dit déjà tout à l'heure ? Tirez les masques à oxygène devant vous ! » Ou si, dans la panique, ils prendraient celui du voisin sans scrupule.
J'adore aussi ce moment où les hôtesses prennent le micro pour parler en anglais. Dans la vie normale, les hôtesses ont parfois un anglais approximatif. Mais quand elles prennent le micro, on a l'impression qu'elles deviennent des vedettes de music-hall : « *Ladies and gentlemen, I am Gi, Gi, I am Nénette, I am Ginette. Welcome on BOOAAARDDD!* »

LA GÊNE...

ÉPISODE 1

ÉPISODE 2

NOTICE
DE SÉCURITÉ

LA CEINTURE MISE À VOTRE DISPOSITION SOULIGNERA ÉLÉGAMMENT VOTRE TAILLE TOUT EN GARANTISSANT VOTRE SÉCURITÉ

NE PAS
METTRE
LES MAINS
SUR LES
PORTES
AU RISQUE
DE SE
PINCER
TRÈS FORT

ATTERRISSAGE D'URGENCE

DÉMONSTRATIONS DE SÉCURITÉ

— Hé ! Y a bien un p'tit coin pour fumer une cigarette ?
— Ah, ben, non, c'est non-fumeur, dans les avions.
— Ben, allez, y a bien un p'tit coin pour fumer une cigarette ?
— Ben, non, y a pas de p'tit coin.
— Allez, ben, on se connaît, je suis sûr qu'y a un p'tit coin.
— Oui, bien sûr, y a une terrasse. Tu verras, c'est génial, y a un film, c'est *Autant en emporte le vent !*

BIZUTAGE

Pour les démonstrations de sécurité, il est d'usage de piéger nos nouveaux petits collègues. On met du cirage noir sur les contours du masque à oxygène factice, et lorsque l'hôtesse l'enfile lors de la démonstration, elle se retrouve la bouche cerclée de cirage noir sans même s'en apercevoir...

VRAI FAUX

Si je vis au-dessous d'un couloir aérien, je dois installer une tente dans mon jardin pour le protéger du contenu des toilettes vidées en plein vol.

FAUX **Le contenu des toilettes d'un avion est évacué dans une cuve vidée par le personnel au sol après l'atterrissage.**

> **Comme dit ma mère…**
> **Attachez votre ceinture et vérifiez sous la couverture !**

LÉGENDE AÉRIENNE

Une passagère embarque à bord avec sa chatte dans un sac de transport dédié aux animaux en cabine. Le steward lui explique que, pour le décollage et l'atterrissage, le sac doit être positionné au sol, sous le siège devant elle, et non sur ses jambes. Celle-ci lui répond, énervée, en haussant la voix : « Je ne vois pas la différence entre placer ma chatte entre mes jambes et la mettre sous le siège. »

LE SAVIEZ-VOUS…

La luminosité en cabine est réduite lors des phases de décollage et d'atterrissage de nuit, afin d'habituer les yeux à la lumière extérieure en cas d'évacuation.

À QUOI PENSENT LES PASSAGERS PENDANT LES DÉMONSTRATIONS DE SÉCURITÉ ?

MON VOL VIETNAM, BAIE D'ALONG TERRESTRE

Avec ma compagnie, nous ouvrions une nouvelle ligne Paris-Hanoï. Je faisais partie du premier équipage qui allait relier ces deux points. On était heureux et tout excités de partir à la découverte de ce pays. Nous avions prévu plein de balades en tout genre, notamment une excursion de deux jours dans la baie d'Along, une croisière de rêve sur une jonque ultra-romantique dans un décor de rêve tout droit sorti d'un film.

Sitôt arrivés à l'hôtel, nous nous sommes assurés auprès de notre guide que tout était en ordre pour notre excursion… Tout était réglé, nous partions le lendemain. Être équipage d'une compagnie aérienne nous dispense de certaines formalités, notamment les formalités d'immigration qui sont effectuées pour nous par les autorités locales. Le lendemain, nous étions tous rassemblés dans un minibus loué pour l'occasion, prêts à affronter les quatre longues heures de trajet sur des routes escarpées, avec à l'arrivée, la belle récompense de la baie d'Along terrestre et maritime, et en conclusion cette magnifique croisière de deux jours en jonque.

La route était longue, périlleuse à en vomir, parsemée d'embûches. Enfin arrivés, nous voilà partis directement et sans pause à l'assaut de la baie d'Along terrestre, à vélo. Un paysage magnifique s'offrait à nous : des rizières, des buffles en pleine nature, des enfants qui couraient sur le chemin et plein de chiens et chats tout mignons. Des chiens tellement mignons que nous avons fini par nous arrêter pour les caresser et les câliner.

La propriétaire de ces jolis chiens a soudain surgi. Dans un charabia international mélangeant gestes et « bla-bla franglish », on l'a félicité d'abriter ces amours de chiens. Elle nous a regardés avec un grand sourire et nous a répondu avec une joie non dissimulée : « MIAM MIAM ! » On a alors compris qu'on n'était pas sur la même longueur d'onde : les pauvres chiens allaient finir en ragoût. Le choc des cultures…

ALPHABET AÉRONAUTIQUE

L'alphabet aéronautique international a été créé pour éviter les confusions de communication entre les pilotes et la tour de contrôle. Chaque lettre est représentée par un mot :

A Alpha
B Bravo
C Charlie
D Delta
E Echo
F Fox-trot
G Golf
H Hôtel
I India
J Juliet
K Kilo
L Lima
M Mike
N November
O Oscar
P Papa
Q Quebec
R Romeo
S Sierra
T Tango
U Uniform
V Victor
W Whisky
X X-ray
Y Yankee
Z Zoulou

LE SAVIEZ-VOUS…

Au même titre que les véhicules routiers, un avion possède une immatriculation. Du coup en langage aéronautique G-KMZW, soit « Golf Kilo Mike Zoulou Whisky ».

GOLF KILO MIKE ZOULOU WHISKY

F

PENDANT LE VOL...

Souvent, selon les points du globe ou les fuseaux horaires que tu traverses, le jour se lève plus tôt que prévu en cabine. Alors, pour préserver le confort, la quiétude et la nuit des passagers, on fait fermer les hublots afin que le noir règne. Quand tu demandes aux gens de fermer les hublots, il y en a toujours un qui résiste :
— Vous pouvez fermer les hublots, monsieur ?
— Eh bien, non, pourquoi ?
Avant, je la donnais, l'explication, mais c'était trop compliqué – ça l'est déjà pour moi, alors imagine pour eux…
— Pourquoi ? Eh bien, je vais te dire pourquoi. C'est pour pas que la concurrence voie ce qu'on sert à bord.
Là, je peux te le dire, il le ferme, le hublot. Comme le reste, d'ailleurs.

BLAGUE DE HAUTE VOLTIGE

À bord d'un 747.
— Mesdames, messieurs, pour mon dernier vol, j'aimerais faire ce que, en trente ans de carrière, je n'ai jamais pu faire : un looping avec ce 747. Pour cela, j'aimerais avoir votre accord.
Les passagers tapent alors des mains et chantent :
— Le looping, le looping, le looping !
Le commandant de bord, ému, se lance dans la manœuvre. L'avion entame son cercle et le looping réussit.
Soudain, un type sort des WC et dit :
— Dites donc, c'est pas bientôt fini, vos conneries !

QUE FAIRE QUAND UN PASSAGER VEUT ÊTRE SURCLASSÉ ?

Dans les moyen-courriers, il y a des rideaux ciseaux qui peuvent être déplacés d'une rangée de sièges à l'autre. Quand un passager est vraiment insatisfait, on décroche et on avance les rideaux d'une cabine d'avion pour le changer de classe. Comme ça, le passager est content.

Toujours porter un regard attentif sur le passager.

LE JOUR OÙ...

... une passagère m'a demandé de l'eau gazeuse, sauf qu'il y avait pénurie sur mon chariot. Mécontente, elle s'est mise à hurler. Pour qu'elle cesse, j'ai pris un masque à oxygène, j'ai tiré dessus, je l'ai mis sur la bouteille, je lui ai tendu le verre et lui ai dit : « Madame, votre verre d'eau gazeuse, je vous prie. »

ENTENDU EN VOL

Un jour, alors qu'une hôtesse est en train de servir plusieurs enfants sur une rangée, elle leur demande machinalement leur âge pour vérifier qu'ils ont bien droit à un plateau-repas enfant. « Tu as quel âge ? » « Huit ans », répond l'enfant, auquel l'hôtesse tend un plateau. « Tu as quel âge ? », demande-t-elle au suivant. « Dix ans », répond le deuxième, auquel elle tend encore un plateau. Et ainsi de suite jusqu'au quatrième. Au cinquième, elle réitère sa question : « Tu as quel âge ? » Elle s'apprête à donner machinalement un plateau. « Trente-quatre ans », répond l'enfant. L'hôtesse se rend compte alors que c'était une personne de petite taille.

KIT DE REPARTIES DU STEWARD AVERTI

AU PASSAGER MÉGALO

Vous savez qui je suis ?

↘ Jeanfi, à l'hôtesse à côté : Vous pouvez regarder le listing et aider monsieur, car il ne sait plus qui il est…

AU PASSAGER CURIEUX

On est où ?

↘ Au-dessus du mont Blanc… (Où qu'on soit.)

AU PASSAGER ÉNERVÉ

Pourquoi on est en retard ?

↘ On a dû faire un détour, il y a des travaux sur la route ! (Ça marche aussi avec le trafic.)

AU PASSAGER STRESSÉ

J'ai vu un flash dans le ciel !

↘ Ah, ben ça, ce sont les pilotes, ils ont volé trop vite et ils se sont fait flasher !

AU PASSAGER INTELLO

qui demande *Le Monde* d'hier

↘ Prenez celui d'aujourd'hui, vous le lirez demain.

AU PASSAGER IMPATIENT

Elle décolle quand votre poubelle ?

↘ On finit de charger les ordures et on y va…

AU PASSAGER SENSIBLE

Monsieur, monsieur, ça sent le pet, ça sent le pet.

↘ Pas de problème, monsieur, on va renifler tous les culs et on va trouver le coupable.

AU PASSAGER IMPATIENT

On arrive bientôt ?

↘ Au prochain rond-point, le GPS indique « arrivée dans 10 minutes ».

AU PASSAGER AFFAMÉ

Vous allez bientôt servir notre rang ?

↘ Oui, ça va, j'ai que deux bras, ma mère n'a pas couché avec une pieuvre.

AUX PASSAGERS ESSOUFFLÉS,

En retard, à la porte de l'avion Paris-New York

↘ Bonjour, bienvenue sur le vol pour Tokyo !

L'AP(A)ÉRO QUIZ

QUESTION N° 1

Lors de l'atterrissage, si les roues ne sortent pas, vous devez :

A Sauter à l'avant de l'appareil.
B Prier à l'arrière de l'appareil à l'abri des regards pour respecter la laïcité à bord.
C Disposer d'un microphone facilement accessible et crier : « Sauve qui peut ! »

QUESTION N° 2

En tant que membre d'équipage de cabine, devant un passager sous l'emprise d'une drogue dure, vous devez :

A Demander quel est son fournisseur.
B Surveiller sa fonction respiratoire.
C Ouvrir le hublot pour lui faire un peu d'air.

QUESTION N° 3

Chez un adulte, le taux d'alcoolémie dans le sang dépend :

A De la vitesse de vol de l'avion.
B De la quantité d'alcool absorbée.
C De l'altitude.

QUESTION N° 4

D'une manière générale, lors d'un amerrissage forcé, l'équipage de cabine :

A Fait embarquer, si possible, les passagers directement dans les canots.
B S'assure de l'évacuation complète de l'épave.
C Téléphone aux familles des passagers pour dire que tout va bien.

QUESTION N° 5

À bord, un passager vous signale qu'il est enrhumé. Lors de la descente, vous lui conseillez :

A De déglutir, de bâiller.
B De pratiquer la manœuvre de Valsalva.

QUESTION N° 6

L'avion est plein, vous prévenez le commandant que :

A Vous organisez un tirage au sort pour désigner celui qui va débarquer.
B Vous mettez les vieillards en soute, ça les rafraîchira…
C Vous conseillez à votre collègue hôtesse gnangnan, qui captera mieux en soute, d'accompagner les dits vieillards.

QUESTION N° 7

Qu'est-ce que l'hypoxie ?

A L'une des plus belles destinations de voyage à la mode.
B La dernière tendance musique après la house music.
C C'est le mot pour dire « à vos souhaits » en japonais : IPOXI !

QUESTION N° 8

Avant le décollage, lors de la vérification cabine, vous constatez qu'un passager écoute de la musique et a gardé son bagage à main sur le siège à côté de lui :

A Vous lui confisquez son baladeur et lui donnez un mauvais point.
B Vous prenez la deuxième oreillette, il faut être à l'écoute des passagers..
C Vous lui demandez de relever la tablette, de ranger son bagage à main dans le coffre au-dessus de lui et d'éteindre son baladeur.

QUESTION N° 9

Avant d'utiliser une hache, un membre d'équipage :

A Demande l'autorisation à l'équipage de cabine.
B S'équipe d'une protection respiratoire.
C Demande s'il y a un bûcheron parmi les passagers.

QUESTION N° 10

Lors d'une évacuation après un amerrissage prévu et préparé, l'équipage de cabine :

A Saute en premier pour vérifier la température de l'eau.
B Ordonne aux passagers de gonfler leurs gilets au franchissement de l'issue.
C Prend les portables pour envoyer les images à BFM TV.

QUESTION N° 11

Que fait-on des passagers morts en vol ?

A On les met dans un sac-poubelle.
B On les jette par le hublot.
C On les met aux toilettes et on tire la chasse d'eau.
D On dresse une chapelle ardente.

Solutions en pages 160-161

STEWARD, UN MÉTIER À RISQUE

Prendre l'avion n'est pas sans risque, certes, mais il reste le moyen de transport le plus sûr. Pour les navigants, le danger vient d'ailleurs. En effet, ceux-ci sont exposés à divers problèmes de santé.

- L'exposition fréquente aux radiations dues aux rayonnements cosmiques : les radiations ionisantes attaquent l'ADN des navigants.
- Les maladies infectieuses : amenés à voyager vers les pays tropicaux, certains peuvent présenter des pathologies à leur retour.
- Le danger que tu ne vois pas arriver : le moustique avec sa déclinaison de virus… Palu (malaria, paludisme), fièvre jaune, dengue, chikungunya, encéphalite japonaise, virus West Nile, Zika.

Même à New York, tu peux être confronté à des bestioles, comme les puces de lit, dans ta chambre d'hôtel, quand ce n'est pas dans le poste de repos de l'avion dans lequel pondent les tarentules. Et quand ce n'est pas les bestioles, tu peux être contaminé par voies respiratoires ou par voie digestive : l'hygiène des mains reste donc un élément essentiel ! Hépatite A, choléra, grippe pandémique, grippe aviaire, coronavirus (SRAS), amibiase, leptospirose, poliomyélite, bilharziose…

[UN JOUR, UNE HÔTESSE QUI VOULAIT FAIRE UN SELFIE DE NOUS DEUX AVEC SON PORTABLE VOIT LE MESSAGE « MÉMOIRE PLEINE » S'AFFICHER SUR L'APPAREIL. ELLE ME REGARDE ET ME DIT : « AH ! BON… COMMENT ILS SAVENT QUE JE SATURE EN CE MOMENT ? »]

“ Comme dit ma mère...

Une hôtesse à l'heure est une hôtesse en retard ! ”

VIS MA VIE DE

UN MÉTIER QUI TE REMET LES PENDULES À L'HEURE

Quand tu es steward, tu vis avec une horloge dans la tête, qui est réglée sur les fuseaux horaires que tu traverses.

AVANT, IL Y AVAIT LES CADEAUX BONUX POUR LES ENFANTS

On les chouchoute, les enfants, parce qu'on espère qu'ils sont des futurs clients. Pour nous, les gamins sont habitués à voyager. Souvent, ce sont des enfants de parents divorcés. Ils maîtrisent parfois mieux l'avion et voyagent parfois plus que nous ! Les « UM » – abréviation anglaise d'*Unaccompanied Minor*, qui signifie « enfant non accompagné » –, on les appelle. Ils font des dessins, ils me représentent moi, et en général, je suis beau. Et quand ils dessinent des hôtesses, c'est toujours des gros trucs : c'est amusant !

LE SAVIEZ-VOUS…

Les bébés jusque l'âge de deux ans ne bénéficient pas d'une franchise bagage. Ils sont plus communément appelés les No Seat (NS).

LE JOUR OÙ...

... un enfant voyage avec son père le soir du réveillon de Noël. Il regarde à travers le hublot... L'enfant émerveillé se met à trépigner et dit à son père : « Regarde, papa, il y a les traces du traîneau du Père Noël ! » Je passe à ce moment-là et je lui réponds : « Mais non, mon garçon, ce sont des traces de kérosène ! »

... un enfant demande à ce que le commandant arrête de bouger l'avion parce qu'il ne peut pas finir son dessin !

... un enfant réclame un Coca. « Un Coca comment ? », demande le steward en attendant un « s'il vous plaît ». Le gamin de répondre : « Un Coca-Cola ! »

... un enfant demande un gâteau à un steward qui lui demande une formule de politesse. Celui-ci lui répond un peu gêné : « Euh, merci, monsieur l'hôtesse de l'air ! »

Comme dit ma mère...

Un passager qui dort est un passager en or.

L'AVION IDÉAL DU PASSAGER

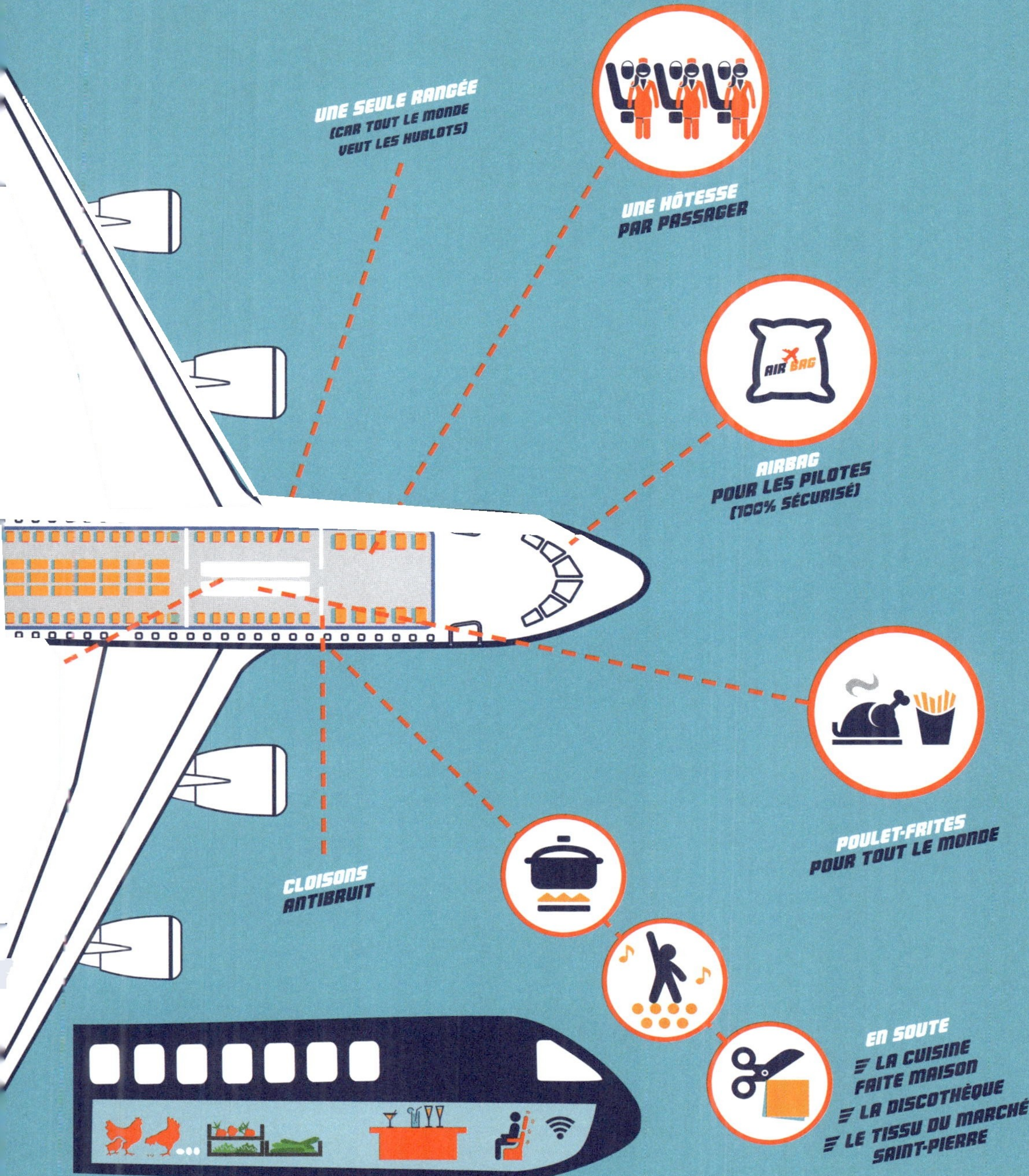
UNE SEULE RANGÉE
(CAR TOUT LE MONDE
VEUT LES HUBLOTS)
UNE HÔTESSE
PAR PASSAGER
AIR BAG
AIRBAG
POUR LES PILOTES
(100% SÉCURISÉ)
POULET-FRITES
POUR TOUT LE MONDE
CLOISONS
ANTIBRUIT
EN SOUTE
LA CUISINE
FAITE MAISON
LA DISCOTHÈQUE
LE TISSU DU MARCHÉ
SAINT-PIERRE

LES ANECDOTES DE JEANFI

MON VOL À SAINT-DOMINGUE

Sur un vol à destination de Saint-Domingue, on fêtait le départ de la chef de cabine principale. En général, pour ton dernier vol, quand tu es steward ou hôtesse, tu choisis la destination et une partie de l'équipage qui t'accompagne. On s'était organisé une série d'excursions. Nous voilà partis en bateau. Et là, on s'est arrêtés en plein milieu d'une mer d'huile. C'était magnifique ! On buvait des ti-punchs au paradis. Le navigateur local nous a dit de faire attention aux raies mantas et aux étoiles de mer, et, surtout, il nous a avertis de ne pas sortir les étoiles de l'eau. Il nous a expliqué un truc étrange… D'après lui, les étoiles de mer auraient l'anus au niveau de la tête et, quand elles sortent de l'eau, elles font un appel d'air. Du coup, quand elles retournent dans l'eau, elles ne touchent plus le fond – elles font de l'aérophagie en quelque sorte –, puis elles partent à la dérive et elles meurent… On nageait, on s'amusait, et cinq punchs plus tard, me voilà sorti de l'eau avec une raie sur la tête ! « Oh, je suis la reine d'Angleterre ! » La chef de cabine, elle, avait mis des étoiles de mer sur ses seins en guise de soutien-gorge, d'autres les portaient au-dessus de leur tête comme des vaisseaux spatiaux. Avec la musique de *Star Wars*, « TIN TIN TIN TIN TIN TIN TIN TIN TIN », c'était la guerre des étoiles… On a perturbé deux raies manta et une dizaine d'étoiles de mer dans leur écosystème. Vive le ti-punch !

LE SAVIEZ-VOUS…

Dans le monde un passager embarque chaque seconde.

LES PASSAGERS ONT TOUJOURS UNE ENVIE PRESSANTE AU MAUVAIS MOMENT

Dans les avions, il y a un principe de précaution. On fait toujours asseoir les passagers pendant la descente avant l'atterrissage. C'est à ce moment-là que cela bouge le plus et que c'est le plus risqué. Et c'est vrai qu'il y a systématiquement un passager qui se lève et file aux toilettes. Parfois, c'est comme un jeu de chat, tu cours après lui – « Viens ici ! » –, tu le rassois, et il dit :

— Oui, mais faut que je fasse pipi.

— T'as eu douze heures pour faire pipi. C'est pas cinq minutes avant l'atterrissage qu'il faut y aller.

Alors, à un moment, il faut être ferme : la sécurité prime sur le commercial !

[LES PASSAGERS QUI PARTENT DE L'HIVER PARISIEN EN DÉCEMBRE VERS UNE DESTINATION ENSOLEILLÉE, LES CARAÏBES PAR EXEMPLE, OUBLIENT QUAND MÊME QUAND ILS REVIENNENT QUE C'EST TOUJOURS L'HIVER ET DÉBARQUENT EN TONGUES ET MARCEL.]

ENTENDU EN VOL

Un steward accueille un passager sur un long-courrier. Surpris par la taille de l'intérieur de l'avion, il s'écrie : « Ouuahh ! Il est gros votre avion ! ». Le steward lui répond fièrement : « Et encore, il est au repos ! »

LE PLANNING

Tes plannings sont faits de rotations. La rotation, ce n'est pas que tu rotes ou que tu tournes sur toi-même. Donc, une rotation, c'est l'avion qui tourne autour de la Terre et qui ne s'arrête pas, qui te prend au passage pour se rendre à une destination. Ton planning se décompose en quatre vols : premier vol, deuxième vol, troisième vol, quatrième vol. 1, 2, 3, 4, tu sais plus quel jour tu es. Tu ne parles plus en jours ou en heures. Tu connais généralement ton planning un mois et demi à l'avance.

LORS D'UNE ESCALE EN FRANCE OU À L'ÉTRANGER, COMBIEN DE TEMPS RESTE-T-ON EN MOYENNE ?

De douze heures à plusieurs jours. Les rotations les plus longues aujourd'hui durent sept jours, autrefois elles pouvaient durer jusqu'à vingt et un jours ! L'hôtel est choisi par la compagnie, mais il est aussi testé par les représentants du personnel qui veillent notamment à la qualité du repos, l'accès Internet, les possibilités de se restaurer à proximité.

[QUAND TU ES UNE HÔTESSE OU UN STEWARD, TU N'ES PAS QU'EXPERT EN AÉRONAUTIQUE, TU ES EXPERT TOUT COURT. LES PASSAGERS CROIENT TOUT CE QUE TU LEUR DIS. MOI, JE M'AMUSAIS SOUVENT À LEUR RENDRE LEUR CARTE D'EMBARQUEMENT EN LEUR CONSEILLANT DE SURTOUT BIEN GARDER LE TICKET, CAR À LA FIN « Y A UNE GRANDE TOMBOLA AVEC PLEIN DE JEUX ET UN FILET GARNI À LA CLÉ ».]

VIS MA VIE DE

MA SEMAINE TYPE

Un mois normal est composé de soixante-quinze heures de vol en moyenne. À cela, il faut ajouter les temps de présence au sol (checks de sécurité/sûreté, embarquement, débarquement, retards éventuels…). Cinq vols par mois en moyenne, sur tous les continents. Notre temps travaillé est identique à celui de n'importe quel autre travailleur, mais il est concentré sur des périodes denses. Un vol sur Santiago engendre environ seize heures de travail à la suite…

PALMARÈS DE JEANFI
LE BILAN DE CARRIÈRE CHIFFRÉ

19 000
HEURES DE VOL

15 000
KM PARCOURUS DANS LES COULOIRS DE L'AÉROPORT

1
DOUANIER DRAGUÉ (LE DOUANIER ROSE, IL SE RECONNAÎTRA)

800
PACK/UNPACK MA VALISE

1 600
PAQUETS DE CIGARETTES ACHETÉS AU DUTY FREE

800
BOUTEILLES DE VODKA ACHETÉES AU DUTY FREE

200
PANNES DE RÉVEIL

MON VOL VIETNAM, BAIE D'ALONG MARITIME

Après avoir rencontré la SPA locale, nous voilà repartis à l'assaut de la baie d'Along maritime pour une croisière en jonque de deux jours. Depuis le temps qu'on en rêvait ! On s'est retrouvés au pied du bateau, devant un paysage à couper le souffle, puis on est montés sur l'immense jonque, à la fois luxueuse et si typique. Une grande table nous attendait avec un super menu prêt à être dégusté... « Mmm, tous ces bons petits plats préparés maison – enfin jonque ! »

Soudain, la police vietnamienne a embarqué et a demandé à voir tous les passeports de l'équipage, qui s'est exécuté, mais qui, devant la mine déconfite des policiers, a compris qu'il y avait un problème. Les équipages sont dispensés de visas normalement. Les policiers ne l'ont pas entendu ainsi : il fallait être détenteur d'un visa spécial pour sortir de la ville de Hanoï.

On était dans notre bon droit, mais les policiers ne voulaient rien savoir et nous réclamaient près de quatre cents euros d'amende chacun pour avoir enfreint la loi. Tout cela bien sûr dans un anglais très approximatif, où il fallait s'y prendre à plusieurs reprises pour se faire comprendre.

Comme c'était une grosse somme, nous avons refusé de payer. La sentence ne s'est pas fait attendre. On a été débarqués du bateau comme des truands et emmenés directement en cellule dans le commissariat le plus proche. La vraie cellule, telle qu'on la voit dans les films. *Midnight Express*, le truc ! On était très loin du romantisme promis par la traversée de la baie d'Along. Des policiers qui nous hurlaient dessus en vietnamien et une somme d'argent colossale que l'on refusait de payer... On criait à l'injustice, mais personne ne voulait nous entendre, ni nous comprendre.

ESCALE

Devant un bureau, se trouvait un policier assis face à un téléphone rouge et un téléphone noir. Bizarrement, il parlait avec une voix douce lorsqu'il répondait au téléphone noir et une voix très forte – comme un ninja shogun – lorsqu'il répondait au téléphone rouge… Au bout d'un moment, nous avons compris qu'au bout du fil rouge se trouvait l'ambassade de France qui bataillait pour tenter de nous faire sortir du cachot… Après cinq heures de tractations, les policiers ont dû se résoudre à nous libérer, à la condition que nous quittions immédiatement la baie d'Along et rentrions directement à Hanoï. En gros, si je te résume la journée : 4 heures de bus + 5 heures de prison + 4 heures de bus, le tout sur des routes de merde ou au fond d'un cachot digne d'un film d'horreur.

QUESTION DE SÉCURITÉ

La sécurité à bord est un sujet avec lequel on ne plaisante pas. En tant que PNC, on est entraînés par des instructeurs du GIGN pour réagir face à des passagers indisciplinés qui pourraient mettre la sécurité du vol en danger. Ils nous enseignent des techniques de combat avec les moyens du bord, à pratiquer seul ou à plusieurs.

Pour l'anecdote, je me rappelle quand le GIGN nous faisait la formation, je me portais toujours volontaire pour faire la victime et je hurlais devant les molosses du GIGN : « C'est moi la victime, c'est moi la victime !!! »

[LA SÉCURITÉ, C'EST DIFFÉRENT DE LA SÛRETÉ. ATTENTION AUX FAUX AMIS : EN ANGLAIS, *SECURITY*, C'EST SÛRETÉ ET *SAFETY*, C'EST SÉCURITÉ.]

Vous vous demandez pourquoi il y a des cendriers dans les toilettes, alors que cela fait des années qu'il est formellement interdit de fumer à bord des avions ? C'est bien simple : il s'agit d'un équipement obligatoire. La raison étant que, dans le cas où une personne déciderait de fumer dans les toilettes malgré l'interdiction, il faut qu'elle ait un autre endroit que la poubelle pour jeter son mégot. En plus de la forte amende dont elle écopera ensuite, ce serait dommage qu'elle mette le feu à la cabine de toilettes…

LE SAVIEZ-VOUS…

Les cache-hublots en cabine doivent être relevés lors des phases de décollage et d'atterrissage pour une bonne visibilité de l'extérieur en cas d'urgence.

LÉGENDE AÉRIENNE

Un homme entre dans un avion et s'étonne : « Tiens, vous ne nous donnez pas un parachute par personne ? C'est bizarre, j'ai pris un ferry l'autre jour, et ils nous ont donné un gilet de sauvetage chacun. Pourtant, il y a beaucoup plus de gens qui savent nager que de gens qui savent voler... »

LE JOUR OÙ LES PASSAGERS SE SONT FAIT PASSER POUR DES PERSONNES À MOBILITÉ RÉDUITE

Les personnes à mobilité réduite peuvent bénéficier d'une assistance qui leur permet de pré-embarquer avant les autres passagers. En revanche, lorsqu'elles arrivent à destination, elles débarquent en dernier. Comme c'est un service gratuit, certains passagers en abusent. Du coup, à l'embarquement, tu les installes bien, tu leur mets un coussin. Mais à l'atterrissage… certains se lèvent plus vite pour débarquer en même temps que les autres passagers ! Ils n'ont miraculeusement plus besoin d'être transportés en fauteuil roulant ! Et là, tu te dis : « Ah oui ! On a survolé Lourdes, ils se sont tous levés. Il y a eu un miracle, dis donc ! »

[LES PERSONNES À PARTICULARITÉS NE SONT PAS « DÉBARQUABLES ».]

Eh ben, oui, moralité, t'es cul-de-jatte, tu peux te bourrer la gueule et m'insulter ! Je ne peux pas te débarquer.

LE JOUR OÙ…

… j'ai eu un passager qui voulait « se branler l'patte ». Je lui ai suggéré de se rendre aux toilettes avec un paquet de mouchoirs en papier. Je n'avais pas compris… Il voulait juste se dégourdir les jambes. C'était un Canadien.

VRAI FAUX

Les passagers sont fichés S pour menace terroriste et A quand ils sont alcooliques.

FAUX **Aucune indication sur la résistance des passagers à l'alcool n'est indiquée dans les fiches passagers.**

LE SAVIEZ-VOUS…

Un verre d'alcool au sol équivaut à deux en vol, il fait beaucoup plus d'effet.

Comme dit ma mère…

Se faire aspirer par le hublot dans un avion est la meilleure des liposuccions ! Tu rentres, tu fais du 48. Tu ressors en petit 34.

MIND THE GAP

PRIVATE JOKE

— Pilote à contrôle, pilote à contrôle… Je suis à 300 miles des côtes, 600 pieds au-dessus de l'eau, et à court de carburant… Qu'est-ce que je fais ?
— Contrôle à pilote, contrôle à pilote… Répétez après moi : « Notre Père qui êtes aux cieux… »

LES PRÉCAUTIONS SANITAIRES

Les voyages dans les pays tropicaux exposent les voyageurs et les PNC au risque des maladies infectieuses transmises par les moustiques ou des insectes divers. Il est donc nécessaire de désinsectiser les aéronefs pour éviter les risques de contamination. C'est une obligation sanitaire demandée par l'OMS. Moi, je passais avec des bombes insecticides dans les allées. Les gens ne savaient pas trop ce que je faisais, ils se demandaient toujours ce que c'était parce que ça faisait un peu de fumée autour de toi, t'sais ! Je passais comme ça dans l'avion et je faisais : « Bonne nuit, bonne nuit ! Le marchand de sable est passé ! » Du coup, les passagers pensaient que c'était un gaz pour s'endormir.

VIS MA VIE DE

LE DÉCALAGE HORAIRE ET LA VIEILLESSE

C'est un des revers de ce métier, tu vieillis un peu plus que la moyenne. Ben, oui, à force de jouer avec ton horloge biologique, un coup à droite, un coup à gauche, un coup à l'est, un coup à l'ouest, avec les fuseaux horaires, parfois tu te réveilles la tête dans le cul, et ce n'est pas forcément le tien ! Si bien que, à un moment, en haut, en bas, à gauche, à droite, c'est ta gueule qui devient décalée. Il y a certaines hôtesses en fin de carrière, elles, qui ressemblent un peu à des momies avec un chignon.

Moi, pour rester frais, je me suis intéressé à la chirurgie esthétique. Tu sais, injection par ci, injection par là. Si, si, là comme vous me voyez, j'ai le treizième mois sur la gueule. C'est bien fait, non ?

Oui, j'ai fait aussi des peelings ! On te crame le visage à l'acide et ça te fait une nouvelle peau, comme un serpent qui mue. La première fois, je me rappelle, je l'avais fait juste avant de prendre un vol. On ne m'avait pas prévenu des effets secondaires. La sécheresse de l'air faisait que ma peau s'était détériorée plus vite, et ça avait craqué en plein vol ! Mon visage s'est littéralement ouvert en trois ! On aurait dit une grosse endive ! Quand je servais le café, ma peau squamait et aurait pu faire office de sucrette !

LE JOUR OÙ J'AI DONNÉ LA VIE…

Mon Dieu, je m'en souviens comme si c'était hier. Il y avait une passagère enceinte de sept mois et demi. En tant que steward, ta priorité est vraiment de garantir la sécurité des passagers. Je voyais bien que la dame ne se sentait pas très bien. J'allais m'enquérir de son confort à intervalle régulier comme la procédure l'exige. J'ai tout de suite vu que ce n'était ni une bonne diarrhée ni une crise d'aérophagie.

On l'a installée avec la chef de cabine pour l'aider à accoucher. Moi, je lui disais : « Pousse ! Pousse ! » J'essayais de me rappeler ce que j'avais vu dans l'émission « Baby Boom » à la télévision. Arrive la phase de la délivrance. D'un coup, on a entendu un cri. Victoire ! Le bébé était sorti ! Sauf que, quand il m'a vu, il a voulu rentrer ! On a posé le bébé sur le ventre de la maman. « Tiens, prends le placenta », que j'ai dit à ma collègue. C'est moi qui étais délivré, je te le dis. Petite information, il est interdit de couper le cordon soi-même. On doit utiliser un clamp de Barr…
Ah, c'est technique, ce métier.

QUIZ

Quand un enfant naît dans un avion, il peut avoir la nationalité :

A. Du pays où est enregistrée la compagnie aérienne de l'avion.

B. Du pays au-dessus duquel l'enfant est né.

C. Du pays où l'avion a atterri.

D. De son père ou de sa mère.

Réponse : D.

DE BATTRE MON CŒUR S'EST ARRÊTÉ...

Si quelqu'un meurt en vol, on n'est pas habilité à constater son décès, on n'est pas médecin. La consigne principale est de pratiquer un massage cardiaque jusqu'à l'arrivée des secours. J'ai déjà eu un décès à bord. On s'en est aperçu quand tout le monde dormait – lui plus que les autres : il ne s'est pas réveillé. Là, il était raide, le machin. On l'a enveloppé dans un linceul en plein vol. Ils l'ont récupéré ensuite sur le tapis roulant.

Faux !

À VOL D'OISEAU...

Sur presque chaque vol, on a des passagers qui disent des choses dingues. Une fois, sur un petit vol, on avait pris des oiseaux dans le réacteur. Ce n'est pas un incident très grave. Mais la procédure veut qu'on revienne au parking pour faire une vérification technique. Un passager était un peu en colère qu'on le mette en retard. J'avais beau insister et lui dire que la sécurité l'emportait sur tout, rien n'y faisait. Devant tant d'insistance, je lui ai expliqué la raison du retard. Il ne me croyait pas, me traitant de menteur et de mythomane. Il a exigé de voir l'oiseau. Face à cette situation de crise, j'ai demandé à l'hôtesse qu'elle me rapporte un morceau de poulet rôti et le lui ai montré.

LE JOUR OÙ...

... la compagnie aérienne pour laquelle je travaillais avait ouvert la ligne vers Téhéran. À l'arrivée de notre premier vol, une hôtesse m'a demandé à la sortie de l'avion : « Ben, où qu'ils sont les chats ? »
Je lui ai répondu : « Quels chats ? »
L'hôtesse sans se démonter : « Bah, les chats d'Iran ! »

RESPECTER LES DISTANCES DE SÉCURITÉ

SLOW DUCK CROSSING

HÔTESSE PRIORITAIRE

LE SAVIEZ-VOUS...

Avec 18 décès en 2017, United Airlines est la compagnie qui a constaté le plus de décès d'animaux en vol.

DESTINATION JOHANNESBOURG : UNE PEUR BLEUE

L'Afrique du Sud, c'est magnifique. Quand j'y suis allé, on était logés loin dans la jolie cambrousse qu'on appelle « La clinique de la forêt noire ». Il y avait des « couilles bleues », des petits singes agressifs avec des testicules phosphorescentes. On les voyait au bord de la piscine avec les hôtesses. On pense qu'ils sont tous mignons, mais ce sont des crapules.

Dans les chambres d'hôtel, un écriteau disait de bien fermer les fenêtres pour ne pas qu'ils viennent piquer les fruits dans les corbeilles déposées à notre intention, car, par moments, les petits singes montent sur la façade.

Une fois, une copine hôtesse a vu un singe entrer dans sa chambre par la fenêtre ouverte. Elle s'est mise à courir, sauf que l'autre animal lui a jeté des bananes, avant de s'enfuir en emportant ses chaussures et son uniforme. Je m'imaginais déjà le lendemain faire le vol avec le singe déguisé en hôtesse, mais non, l'hôtesse était là, en civil du coup.

Comme dit ma mère...

Rien ne se perd, rien ne se crée, tout se transforme ! Même les grosses sommes !

LE STEWARD ET L'ARGENT

Un steward, par essence, vit au-dessus de ses moyens. Moi, j'étais un super steward ! C'est bizarre, d'ailleurs : quand ce n'est pas ta monnaie d'origine, tu as toujours l'impression, la fatigue aidant, que ça te coûte moins cher et que tu fais une bonne affaire. Même quand tu vas voir ta banque, tu te dis : « Quand même, elle comprendra que ce n'est pas cher. » Non, il y a une équation imparable : pas cher + pas cher = VITE TROP CHER.

Tu voyages tellement souvent que tu ne sais plus faire tes conversions, et parfois tu te trompes de monnaie. Un jour, en Thaïlande, j'en ai pris pour 10 000 bahts (l'équivalent de 260 euros). Le distributeur n'arrêtait pas de cracher des billets. J'ai essayé naïvement de remettre les billets dans le distributeur, mais ça n'a pas marché. Il n'y a pas que l'argent qui file, il y a tes notes de téléphone qui défilent à vitesse grand V. Je me souviens d'une fois en Argentine où je recevais des notifications de l'opérateur : « Vous avez dépassé votre forfait. Débloquez votre dépassement de 50 euros. » Puis 150 euros, puis 300 euros. Résultat : 1 300 euros de facture en deux jours. Ça tombait bien, je venais d'inviter tous mes collègues à l'apéritif ! Sans provision, ma carte a été bloquée au moment de payer. Je me suis senti très seul !

[TOUT BON STEWARD SAIT QU'IL FAUT BLOQUER SES DONNÉES. MON CONSEIL POUR APPELER : ENVOYER UN SMS POUR SE FAIRE RAPPELER. ÇA TE COÛTERA 30 % MOINS CHER !]

VIS MA VIE DE

LES HÔTESSES VIENNENT DE MARS LES STEWARDS DE VÉNUS

Il y a des différences physiologiques entre les hommes et les femmes. Les femmes ont tout le temps froid, les hommes tout le temps chaud. Comment ça se traduit pendant la phase de repos des navigants ?
Les stewards retirent parfois le bouton de thermostat du poste de repos équipage afin d'obtenir une température basse, car chaque fois que les hôtesses s'y rendent, elles le positionnent au maximum ! Malgré tout, elles prennent cinq couvertures et trois bouillottes de peur d'être frigorifiées. Au final, elles dorment comme des bébés, alors que toi, steward, tu as cramé pendant tout le repos. Et quand tu les réveilles, elles te disent toutes la même chose : « J'ai pas fermé l'œil, j'étais frigorifiée ! » Car elles sont de mauvaise foi, en plus ! Et là, t'as juste envie de leur jeter la boîte de glaçons à travers la figure.

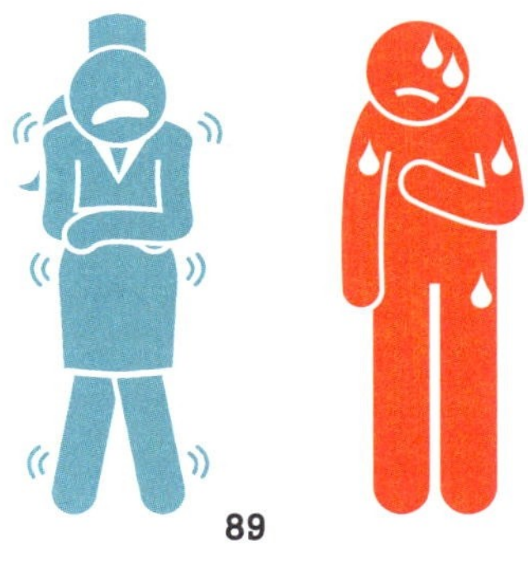

MES CHARMANTES COLLÈGUES
LES HÔTESSES DE L'AIR

L'HÔTESSE QUI A CONFONDU « HÔTESSE » ET « PRINCESSE »

Elle a oublié qu'elle était une « boniche pressurisée », qu'elle était là pour servir les gens. Alors elle, non, elle ne sert pas, elle fait le défilé de mode devant le chariot. « Bonjour, bonjour. Ah ! J'suis belle et mince à en crever. Tout le monde me regarde, c'est génial. Comment ? Quoi ? Un Coca ? Non, je ne sers pas, je fais mon défilé. Je vais jusqu'au bout de l'avion ! »

LES NYMPHOMANES

Alors elles, elles pensent qu'à ça ! Talons aiguilles, shiny gloss, poitrine en avant, un tantinet vulgaires. « Oh là là, faut qu'j'arrête de baiser en escale, je fais cystite sur cystite. L'autre jour, j'ai fait une vaginite. Corrosif, le truc. Ça mangeait toutes mes culottes. Je mettais une cotonnade le matin, et le soir j'avais de la dentelle. »

LES MME OLSON

Comme je les appelle. Les vieilles hôtesses. Ce sont nos dinosaures à nous, elles sont en voie de disparition. Elles attendent la retraite, mais comme on n'arrête pas de la repousser, elles sont encore là. Et, pour elles, le chariot, il sert de déambulateur. « Nous, à l'époque, on découpait la dinde en première classe. » Ouais, ben maintenant, elle est en uniforme à côté de moi, la dinde.

LES GNANGNANS

Hôtesse gnangnan, dernière catégorie. La plus répandue. « Ça pique dans ma tête. » Réseau indisponible. Une barre. Un peu de Bluetooth, mais pas de wifi, rien. Elles sont conditionnées, lobotomisées, elles ne réfléchissent plus par elles-mêmes. Une hôtesse gnangnan qui sert l'apéritif dans l'avion. Tu vois l'avion : 2 sièges, 4 sièges, 2 sièges. « Sucré salé, sucré salé, sucré salé. Sucré salé, sucré salé, sucré salé. Sacré sucée, sacré sucée, sacré sucée. » L'autre fois, j'étais à Rio, j'ai dit à une hôtesse qu'il fallait qu'elle aille voir le Corcovado, Copacabana, le Pain de Sucre. Le lendemain : « J'ai fait tout ce que tu m'as dit : le Cocorico, le pain de mie… » Et t'as été à la Brioche Dorée pendant qu'on y est ?

la gnangnan

la Mme Olson

la nymphomane

la princesse

LA RUSSIE

Saint-Pétersbourg, c'est beau ! Les bâtiments sont magnifiques et chargés d'histoire. En plus, il y a un pont, tu traverses la rivière et de l'autre côté c'est plein de bars et de boîtes, en fait tu vas de l'autre côté, mais attention : à 1 heure du matin, le pont, il se lève !
Alors tu ne peux plus rentrer dans Saint-Pétersbourg... Ça veut dire que t'es coincé et que tu es obligé de faire tous les bars et d'attendre jusque 5 heures du matin que le pont se rabaisse ! Tu as le temps d'en faire, des shots de vodka, et tu repasses certes sur le pont, mais à quatre pattes et pas tout seul ! Tu as l'Armée rouge aux trousses ! !

ENTENDU EN VOL

Une hôtesse arrive à Moscou sur la place Rouge, au loin le Kremlin. L'hôtesse dit : « Il est beau, le château de la Belle au bois dormant ! » Elle s'était crue à Disneyland.

ESCALE

ENTENDU EN VOL

Une hôtesse arrive à Moscou sur la place Rouge, tout près du Kremlin. L'hôtesse dit : « Il est grand, le Kremlin-Bicêtre. Il doit y avoir pas mal de malades là-dedans. »

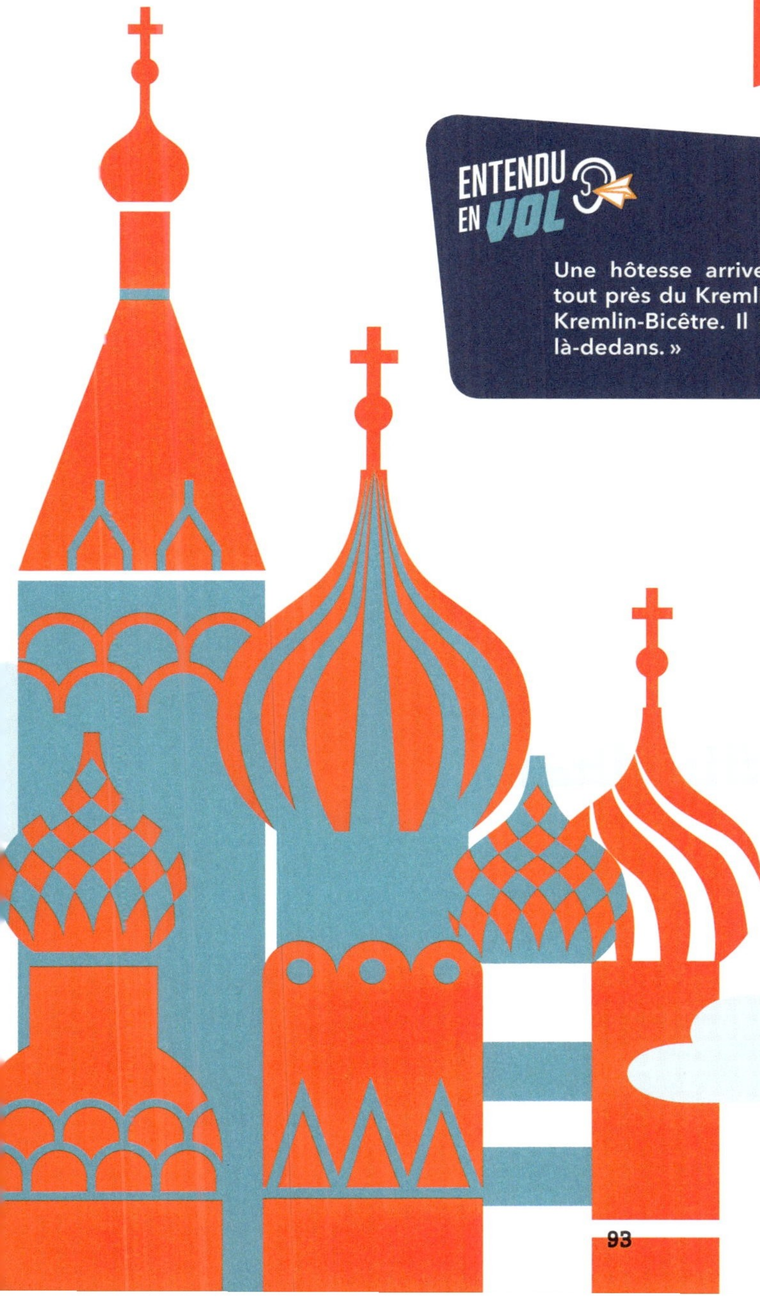

LES PETITS AVANTAGES DES GRANDES HÔTESSES

Elles ont des avantages, les hôtesses : elles ont ce qu'on appelle des « journées enfant malade » – ça fait rêver. Le jour où elles doivent travailler, elles téléphonent :
— Oui, bonjour ! Je viens pas travailler, mon enfant est malade !
Et c'est tout ! Et nous, les tapettes, qu'est-ce qu'on a ? Alors, moi aussi, l'autre jour, j'ai téléphoné :
— Oui, bonjour ! Oui, je viens pas travailler, j'ai une grossesse difficile.
— Bah, vous êtes un homme !
— C'est pour ça que c'est difficile !

[DANS L'AVION, LES HÔTESSES VONT SOUVENT AUX TOILETTES POUR SE REPOUDRER LE NEZ AVANT LE SERVICE. CHAQUE FOIS, MOI, JE FAIS EXPRÈS : J'ARRIVE AVEC DES ROULEAUX DE PQ ET PUIS, DEVANT TOUT LE MONDE, JE DIS : « TOC ! TOC ! J'T'AI RAPPORTÉ CE QUE TU M'AS DEMANDÉ. »]

LE JOUR OÙ...

… une passagère avait fait tomber son solitaire par terre. Tout le monde voit ce qu'est un solitaire ? Un anneau en or serti, avec un gros diamant taillé dessus. On était tous à quatre pattes pour chercher le solitaire sur le sol. On l'a heureusement retrouvé. Ben, y a une hôtesse, elle ne savait pas ce que c'était qu'un solitaire. Elle a dit : « Quand même, tout ce tapage pour un jeu à gratter ! »

VRAI FAUX

Les traces blanches que l'on voit derrière un avion en vol sont ses gaz d'échappement.

FAUX Ce sont les « traînées de condensation », comme des nuages.

ENTENDU EN VOL

Une passagère, voyageant avec sa petite fille, lui dit au moment du service repas : « Tu vois, ma chérie, si tu travailles mal à l'école, tu finiras comme madame, hôtesse de l'air. » L'hôtesse répond : « Tu vois, ma chérie, si tu travailles mal à l'école, tu voyageras comme maman, en classe économique !!! »

LÉGENDE AÉRIENNE

Les bulles et les avions ne font pas bon ménage. Une bouteille de champagne aura ainsi coûté un atterrissage d'urgence et un accident pour le moins insolite. En ouvrant une bouteille de champagne, une hôtesse de l'air a endommagé le plafond d'un avion et déclenché du coup la tombée des masques à oxygène. L'avion a été contraint d'atterrir à Milan pour effectuer des réparations. Une célébration que les passagers n'oublieront pas.

LE RÊVE AMÉRICAIN

Quand j'ai démarré ma carrière de steward, je me suis rendu compte que je partais de Maubeuge pour aller à Las Vegas, Broadway, Los Angeles, Hollywood… Le monde s'ouvrait à moi. Mais, à Los Angeles, j'ai vite déchanté, c'était pas terrible ! Autant San Francisco, c'est joli, il y a un centre-ville, mais, à Los Angeles, il ne se passe rien… Faut une voiture pour tout… même pour aller pisser ! C'est un peu cliché, mais oui, je préfère San Francisco. D'ailleurs, je me rappelle une soirée où tout l'équipage était de sortie. On avait loué des voitures cabriolets et on allait se la « péter » à Las Vegas. La compagnie aérienne pour laquelle je travaillais était en partenariat avec le groupe de casinos Partouche, qui nous offrait trente euros de jetons. Youhou !!!

Dans ces endroits-là, tout est fait pour vous obliger à miser le plus possible. Il y a des bornes de retrait d'argent partout, où on peut obtenir des coupures de cinquante dollars. Moi je m'étais concentré sur les machines à sous, parce que je ne comprends pas les machins, les tapis, les roulettes. « Passe, perds et manque », tout est dit. J'avais l'impression que ma pensée guidait mes yeux et magnétisait les rouleaux pour faire s'aligner trois fruits à la suite. Ça sifflait dans tous les sens. Au bout de deux secondes, je me suis fait tout aspirer… Enfin, façon de parler : en moins de deux, je n'ai plus eu un sou en poche, quoi.

ESCALE

L'ESCALE LA PLUS COURTE

LÉGENDE AÉRIENNE

Depuis quarante ans, aucun avion n'échappe à la zone de turbulences qui tourmente le ciel à l'approche de Milwaukee (Wisconsin). Peu avant l'atterrissage, sur le toit de sa maison située juste sous la trajectoire des appareils, le photographe américain Mark Gubin s'est amusé à inscrire en lettres blanches hautes de deux mètres : « Bienvenue à Cleveland », une ville située dans l'Ohio... à sept cents kilomètres du Wisconsin. Il n'est donc pas rare d'entendre à proximité de l'aéroport de Milwaukee : « Chéri, réveille-toi, on s'est trompés d'avion ! »

POURQUOI UN PASSAGER ÉMÉCHÉ EST-IL DANGEREUX ?
PARCE QUE LORSQUE LES PASSAGERS SONT BOURRÉS, ILS FONT DES FARANDOLES, DES GRANDES CHENILLES, ET ÇA DÉSTABILISE L'AVION !

BLAGUE

C'est un Belge qui prend l'avion pour la première fois. L'hôtesse, pour le rassurer, lui dit qu'il peut à tout moment faire appel à elle, mais que, de toute façon, tout ira bien. Elle ajoute : « Tenez, prenez ce chewing-gum pour le cas où vos oreilles vous feraient un peu mal au décollage ou à l'atterrissage. » Le vol se passe merveilleusement bien. Après que l'avion s'est posé, le Belge appelle l'hôtesse : « Merci pour le truc du chewing-gum : c'était radical. Par contre, vous n'auriez pas une combine pour le retirer facilement des oreilles ? »

ENTENDU EN VOL

Un jour un douanier vient vers moi et dit : « Bonjour ! Douanes volantes ! »
Je lui réponds : « Ah bon, mais où qu'elles sont les ailes ? »

CYNTHIA'S SECRETS

MES PETITS CONSEILS VANITY

1
Stockez toujours vos bagages dans un espace surélevé.

2
Dormez de préférence sur un tissu que vous transportez avec vous plutôt que dans des draps douteux.

3
Lavez tous vos vêtements avant le départ (sac compris !).

ASTUCE

Il est conseillé de marcher pendant le vol pour se dégourdir les jambes et relancer la circulation sanguine afin d'éviter les jambes lourdes, voire les phlébites dans certains cas (syndrome de la classe économique).

LE JOUR OÙ...

... une valise a chuté du coffre à bagages. Une vingtaine de poussins en sont sortis. Et nous voilà retardés. On n'a pas pu décoller avant d'avoir retrouvé tous les poussins qui, au passage, s'étaient naturellement rués vers les hôtesses qu'ils prenaient pour leur maman poule.

LES PLANS D, COMME DÉBROUILLE

La vie d'un steward est un peu une vie de milliardaire : tu vis dans les plus beaux hôtels du monde, dans les plus beaux pays du monde. Enfin, c'est plutôt *Slumdog Millionnaire*, parce que toi, t'as pas une thune. Mais c'est génial, car tu es un peu assisté, on s'occupe de tout pour toi. Parfois tu t'y perds un peu. Tu achètes du jus de pomme à Los Angeles parce qu'il est bio et qu'il est meilleur, tes lampes Led à Bangkok parce que les Thaïlandais sont les spécialistes du gadget, tes jeans Diesel en Colombie parce que c'est fabriqué là-bas et que c'est moins cher qu'en France, ton iPhone à Shanghai, etc. Le rhum dans les îles est toujours meilleur et moins cher qu'au supermarché du coin ! Bref, tu as tes petites habitudes très chics que les gens de ton entourage ne comprennent pas très bien parce que eux, ils vont juste au centre commercial du coin ou au Monop'.

ET TU ATTENDS SOUVENT...

Pour tuer le temps, tu te retrouves souvent dans les crew lounge, des espaces réservés où les hôtesses et stewards se retrouvent par compagnie aérienne. Tu papotes avec les collègues ou avec les autres équipages qui patientent aussi... et tu fais des jeux, des cherche et trouve, des trucmuche, des anagrammes, des mots croisés, des mots fléchés, des sudoku... Tu es une encyclopédie presse à toi tout seul !

DEVINETTE

Quel est le comble pour un avion ?

Réponse : Avoir un antivol.

VIS MA VIE DE

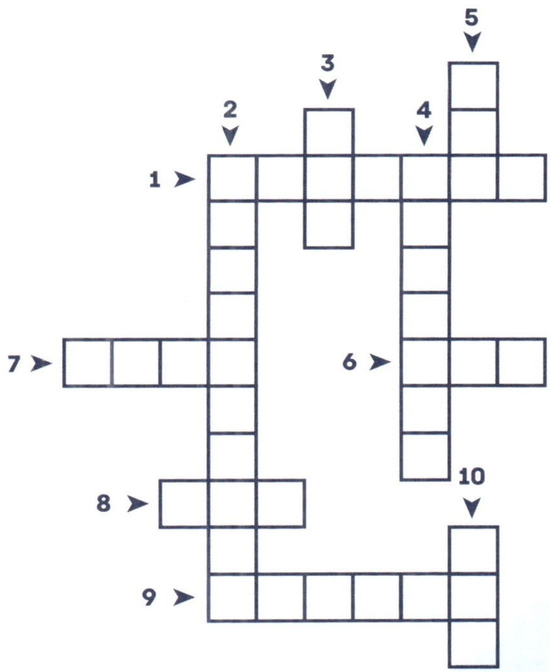

1 Prénom de l'instructrice la plus célèbre
2 Notre maître à tous
3 Personnel navigant commercial
4 Quand le steward est une femme
5 Ce que tu dois savoir faire pour que tout rentre dans une valise
6 En vol ou au...
7 Abréviation internationale pour désigner le nom de la destination d'un vol
8 Nom de code pour désigner un passager
9 Endroit où stationne l'avion
10 Diplôme obligatoire pour exercer le métier de steward

OUATOSE
TMB
COMPLEXES
SECURITE
HOTESSE
VOLE
AILE
SOS
BORD
FRET
SAFETY
CC (Chef de Cabine)
RETOUR
SUD
CAP
DEPA
DEPU

X	B	H	C	X	A	D	E	M	C
C	O	M	P	L	E	X	E	S	C
H	S	H	O	T	E	S	S	E	N
R	U	D	S	O	X	Y	G	C	O
S	D	R	T	R	S	O	S	U	U
A	E	O	C	U	T	E	T	R	A
F	A	B	R	O	D	L	M	I	T
E	F	R	E	T	E	I	B	T	O
T	N	A	D	E	P	A	C	E	S
Y	X	C	X	R	U	V	O	L	E

Solutions des jeux en page 162.

LES ANECDOTES DE **JEANFI**

RIO, VOYAGE EN TERRE INCONNUE

Quand tu es steward, tu as la possibilité d'emmener des amis en vol avec toi pour pas très cher. En « GP », on appelle ça. Une fois, j'ai emmené mes amis Laurent et Marwan, destination Rio. À peine arrivés, on est sortis dans une boîte gay ou plutôt dans une immense boîte de nuit du plaisir... Celles où il est difficile de distinguer ceux qui te dépouillent de ceux qui te font des avances. On a bu... À un moment donné, je les ai perdus de vue. Est-ce qu'ils étaient partis ou est-ce que je ne les avais pas vus ? En tout cas, on s'est perdus. Après mes cinq caïpirinhas, je suis sorti. Pour les Cariocas, qui faisaient des dessins sur une tuile que j'ai toujours à la maison, j'étais Catherine Deneuve. Ils m'ont invité dans leur quartier. Moi, en général, je ne vois le mal nulle part... Je suis monté sur leur espèce de mobylette en kit – ce n'est pas un Vespa, ni un Solex, mais un genre de « Vespex ».
On a fini par arriver en haut d'une colline et j'ai commencé à voir des tôles ondulées partout, des maisons en briquettes. Ils m'emmenaient dans une favela ! J'ai pensé : « Mon Dieu ! J'ai ma carte bleue, ma montre... Ils vont me dépouiller, me déposer et me clouer sur une tôle, et je ne verrai jamais le Corcovado. Ou plutôt, ce sera moi le Corcovado ». En fait, tous me regardaient comme la septième merveille du monde, avec mes cheveux blonds et mon regard océan. Finalement, ils m'ont ramené à 7 heures du matin, sans m'avoir pris ni ma montre, ni mon portefeuille, ni ma vertu !
Quand je suis arrivé, l'équipage petit-déjeunait en terrasse. La chef de cabine m'a vu, avec mes lèvres bleues, en guenilles, encore cyanosé, des restes de plumes dans les cheveux et des rondelles de citron encore dans la bouche. Il faut savoir qu'une chef de cabine, c'est un peu une maman. Elle m'a dit : « Va te coucher tout de suite, on part dans quatre heures. » Pendant ce temps, mon pote Laurent, qui était parti visiter le Corcovado, n'avait pas trouvé de taxi au retour et a réussi à arriver à l'aéroport, tout juste à l'heure, en hélant un « local » et surtout en claquant deux cents euros, le stress ! J'ai voyagé avec un mal de bide comme jamais, mais je m'en fichais, parce que j'avais vécu une expérience locale inoubliable.

ESCALE

DES PASSAGERS PAS COMME LES AUTRES, LES BESTIOLES QUI DÉCOLLENT

Volontairement ou non, les passagers embarquent tous types de bestioles curieuses… Tout d'abord, les animaux voyagent confortablement dans des caisses prévues à cet effet, transportés légalement en soute, stockés à côté de nos cabines de couchage. Il n'est donc par rare, en tant que PNC, de se retrouver nez à nez dans notre sommeil avec une mygale, ou un reptile sur la banane, ou de dialoguer avec un babouin.

Du passionné de reptiles qui rapporte un mini-crocodile dans sa valise, à l'ornithologue en herbe qui a planqué des colibris dans son caleçon, en passant par l'éleveur hypnotiseur de mygales et le passager négligent qui a laissé un scorpion s'introduire dans sa trousse de toilette, il n'est pas étonnant de voir des bestioles déambuler dans les allées.

Le pire fléau, ce sont les insectes minuscules, les invisibles : les puces de plage, qui se glissent sous la peau, entre vos doigts de pied, ou les punaises de lit qui se logent dans vos vêtements. Ce sont de véritables fléaux et aucune région n'est épargnée.

[Y A UNE PASSAGÈRE, POUR ÊTRE SÛRE QUE SON CHIEN MONTE À BORD, ELLE AVAIT APPELÉ SON ANIMAL XANAX. POURQUOI PAS TAMPAX, TANT QUE T'Y ES !]

LE SAVIEZ-VOUS…

On peut voyager avec son animal de compagnie à côté de soi, si on présente un certificat médical qui prouve qu'il est un support émotionnel.

LES ANECDOTES DE JEANFI
HISTOIRE VRAIE...

Au cours d'un vol Seattle-San Francisco, l'avion est déporté vers Sacramento suite à un incident. Le commandant de bord explique qu'il y aura un arrêt et propose aux passagers de se dégourdir les jambes avant de remonter à bord cinquante minutes plus tard... Tout le monde descend de l'avion, sauf une dame aveugle. Le pilote s'approche de la passagère et lui propose de s'aérer. La dame aveugle répond : « Moi, non merci ! Mais peut-être que mon chien Fido voudrait se dégourdir les pattes. » Lunettes de soleil sur le nez, le pilote sort de l'avion avec le chien-guide d'aveugle. À cette vision, les passagers se sont éparpillés, certains ont essayé de changer d'avion, d'autres de compagnie aérienne.

> Comme dit ma mère...
>
> **Tout homme qui agit avec prudence ne se fie jamais à l'apparence.**

LÉGENDE AÉRIENNE

Lors d'un vol en direction de l'aéroport George-Bush de Houston, aux État-Unis, un steward a ordonné à une passagère réfractaire de placer la caisse contenant son chien dans le compartiment à bagages situé au-dessus de son siège. À l'atterrissage, l'animal a été retrouvé mort. Dans un communiqué, United Airlines a reconnu l'incident et indiqué que les animaux de compagnie n'avaient pas à être placés dans les compartiments supérieurs. Pour se faire pardonner, United Airlines a annoncé prendre en charge la totalité des frais d'autopsie de l'animal. Grande classe !

LES ANIMAUX ET LA DOUANE

La douane est mobilisée dans la lutte contre le trafic des espèces protégées. En 2016, ses agents ont réalisé **493** constatations (contre 423 en 2015, soit une augmentation de 16,5 %) portant sur des spécimens protégés. Un tiers des constatations ont été réalisées à Roissy. **976** animaux vivants, dont **770** reptiles, ont été saisis.

QUE DEVIENNENT LES ANIMAUX SAISIS ?

Une réexportation dans le pays d'origine est privilégiée par la douane afin de les réintroduire dans leur milieu naturel. Lorsque ce n'est pas possible, les animaux sont alors redirigés dans les zoos, insectariums, vivariums, réserves animalières ou autres structures « pour vivre leur vie ou servir à des fins pédagogiques ». Dans tous les cas, c'est la douane et le ministère de l'Écologie qui ont le dernier mot.

Au-delà de la protection des espèces, ces interdictions permettent également de limiter les risques sanitaires. « Les animaux vivants sont susceptibles de véhiculer des maladies graves, telles que la rage ou la grippe aviaire », rappelle le site de la douane.

Les animaux de compagnie importés en provenance de pays hors Union européenne doivent donc obligatoirement être déclarés et présentés à la douane pour contrôles documentaires et d'identité. Sont considérés comme animaux de compagnie : les chiens, les chats, les furets, les reptiles, les amphibiens, les invertébrés (sauf abeilles et crustacés), les rongeurs et lapins domestiques, ainsi que les oiseaux, sauf les volailles.

Ratifiée en France en 1978 et applicable aujourd'hui dans plus de 150 pays, la CITES (*Convention on International Trade in Endangered Species*), dite convention de Washington, concerne plus de 35 000 espèces sauvages, qu'elles soient commercialisées sous forme de plantes, d'animaux vivants ou de parties qui en sont issues.

UN PASSAGER BIEN NOURRI EST UN PASSAGER ACQUIS

FISH'N CHICKEN : L'ART DE LA SUGGESTION !

« Poulet ? Poisson ? Poulet ? Poisson ? » Ce sont mes deux mots préférés. « *Chicken* ? *Fish* ? *Chicken* ? *Fish* ? *Pollo* ? *Pescado* ? Tofu ? Sashimi ? » Quand je sers à bord de l'avion, il y a une règle de base. Les passagers ont une préférence pour le poulet. On a beau prévoir une plus grande quantité de cassolettes, il n'y en a jamais assez. Les gens se jettent sur le poulet, et il ne reste bien souvent que du poisson pour les derniers rangs servis. Alors, c'est difficile, et c'est tout l'art de commercial du steward qui opère. T'arrives à vendre ton poisson parce que tu n'as plus que ça. À toi de faire croire aux gens qu'ils ont le choix quand même ! L'inflexion de la voix influence les gens. Il n'y a qu'en cas de grippe aviaire que tu es tranquille.

QUEL TYPE DE POISSON SERT-ON EN AVION ?

On sert du tilapia ! C'est un cabillaud d'élevage bourré aux graines. Ça fait beau dans la cassolette, mais ce n'est pas très bon. Heureusement qu'on le rehausse avec des saveurs à côté, comme des légumes et des épices.

On ne dit pas aux passagers : « À TABLE !!! », mais simplement : « Bon appétit ! »

COMMENT RÉCHAUFFONS-NOUS TOUTES CES BARQUETTES ?

Il y a des fours, une dizaine, et on réchauffe tout en même temps.

LA PERTE DES SAVEURS ?

Il y a tellement de normes sanitaires dans un avion que forcément, c'est difficile de donner du goût aux aliments. Déjà, avec l'altitude, on perd beaucoup en saveur, et ensuite, il y a tellement de normes à respecter que tout est stérilisé, etc. Mais après, c'est la façon de tendre le plateau qui fera que ce sera bon ou pas ! Chaque plateau est un message, en fait !

Avec de l'émotion et un sourire, le repas est toujours meilleur !

LES ANECDOTES DE JEANFI

L'ART DU SLURP...

L'art culinaire à la japonaise commence dans l'avion. C'est l'art du slurp. Un rapport avec la soupe, les *noodles*. En buffet, on a des nouilles déshydratées et on passe la nuit à mettre de l'eau chaude dans les nouilles, et donc toute la nuit, tu entends... le slurp. C'est assez désagréable.

LE SAVIEZ-VOUS...

Sais-tu pourquoi c'est toujours au moment où tu sers avec le chariot que les gens ont envie de pisser ? Non ? Moi non plus.

QUEL TYPE DE BISCUITS SERT-ON À BORD ?

Des gâteaux de la Mère Poulard quand même ! Et je les sers moi-même, mes biscuits de la mè-Mère Poulard. Je prends un rouleau de PQ, je me le mets sur la tête, je l'enroule comme ça, je me déguise en Bigoudène et je donne mes biscuits. « Ça vous plaît ? C'est moi qui les ai faits ! » Et les gens, ça fait un p'tit côté terroir, ils aiment bien. C'est la *French touch* !

AU MILIEU DU VOL, ON FAIT DES BUFFETS AVEC DES SANDWICHS. TU VERRAIS QUAND J'APPORTE LA CORBEILLE DE SANDWICHS, J'AI L'IMPRESSION DE RENTRER DANS UN POULAILLER ET DE DISTRIBUER DES GRAINES. TOUT LE MONDE SE JETTE SUR MOI, TANT ET SI BIEN QUE JE SUIS OBLIGÉ DE LES REPOUSSER AVEC LES PIEDS ! JE POSE LA CORBEILLE. T'ES OBLIGÉ DE TE SAUVER : ILS TE MANGERAIENT LES MAINS, LES GENS !

LE JOUR OÙ...

... je servais au rang 20. Pour ne pas me déplacer sans arrêt, je cliquais sur le bouton « hôtesses » pour prévenir mon collègue que je n'avais plus de Coca. Je lui chuchotais « Coca » et je réitérais l'opération. Quelques minutes plus tard, un passager m'appelle et me dit : « Je ne comprends pas, monsieur, j'appuie sur le bouton, et le Coca, il ne coule pas... » Il avait compris qu'en appuyant sur le bouton « hôtesses », le Coca coulait, comme dans les frigos américains.

LES PLATS SPÉCIAUX

Il y a maintenant beaucoup de gens qui commandent des repas spéciaux en cas d'allergies, etc. Une fois, j'ai eu une passagère californienne qui voyageait avec ses deux filles – ses clones – et qui m'a dit qu'elle était allergique aux cacahuètes et que les deux rangs devant elle, les deux rangs derrière elle et les deux rangs sur les côtés ne pouvaient pas non plus en manger !

« Ben, non, quand même, une allergie, c'est en dedans ! » Elle a répondu : « Mais c'est très sérieux. » Alors je lui ai demandé un certificat médical, parce que, dans ce cas-là, si la dame dans le fond est allergique à la purée, les deux rangs devant, les deux rangs derrière n'ont pas de purée ?

Mais la chef de cabine ne m'a pas suivi et a donné raison à la dame. Les gens n'ont pas compris pourquoi ils ne pouvaient pas manger de cacahuètes. Comme je servais de son côté, la dame était contente, elle avait gagné son combat contre moi ! Chaque fois que je passais, elle me rendait bourrique. Avec ses filles, elle se moquait de moi. Elle me faisait revenir du bout de l'avion – il y a soixante-dix mètres d'un bout à l'autre ! À peine j'avais rapporté son jus d'orange, elle me rappelait. « Gling gling ! » On avait oublié la glace… Au bout de dix heures de vol, je me suis dit : « Je vais la tuer ! » Alors j'ai mis des cacahuètes dans ses chaussures. Allergique à l'arachide, elle me disait. Je n'ai pas fait beaucoup d'études, mais une allergie, c'est en dedans.

Dans l'avion, on avait un *trash compactor* (une poubelle qui écrase les déchets). Pour me venger, j'ai pris ses bottes en autruche et je les ai compactées. Au réveil, j'ai entendu : « *What happened to my shoes* ? » J'ai dit : « Je sais pas, une réaction allergique à la cacahuète ? »

LE JOUR OÙ…

… j'ai reçu mon premier passager vegan… Une fois, ma chef de cabine m'a parlé d'un passager vegan. « Vegan, comme la voiture ? », je lui ai demandé. Elle m'a répondu : « Mais non, Jeanfi, c'est une personne qui exclut tout ce qui est d'origine animale de son mode de vie. » Alors je suis allé au fond de l'avion et j'ai servi une assiette vide au passager en question en lui disant : « C'est pas une assiette vide, ce sont des légumes oubliés ! »

STEWARDS ET HÔTESSES, FAIRE-VALOIR DU CHIC À LA FRANÇAISE À TRAVERS LE MONDE !

J'ai travaillé pour une compagnie française prestigieuse qui est un véritable ambassadeur international de l'élégance à la française, de la *French touch* comme on dit. Référence dans le monde en matière de mode, de design ou de gastronomie. Un véritable mythe à la française !

COMMENT DÉFINIR LE « CHIC » FRANÇAIS ?

« Chic » vient de l'Allemand *shick* qui signifie « justesse, convenance » et, en dialecte alémanique (suisse allemand et alsacien), « habileté » et « savoir-faire ». « Chic » est à l'origine un terme militaire, et avoir du chic signifiait « avoir de la tenue ». C'est donc bien l'idée de savoir-faire, d'aisance à faire quelque chose, qui mène au sens d'« élégance », de « désinvolture », et de « prestance ».

LE SAVIEZ-VOUS...

Roland Garros était un aviateur français, lieutenant pilote lors de la Première Guerre mondiale, né le 6 octobre 1888 à Saint-Denis de La Réunion et mort dans un combat aérien le 5 octobre 1918 à Saint-Morel (Ardennes). Aujourd'hui, son nom reste associé au tournoi des Internationaux de France de tennis, car il se déroule dans le stade qui porte son nom depuis sa construction en 1928.

LE CHIC À LA FRANÇAISE

LE SAVIEZ-VOUS…

Dès les années 1930, Air France innove en faisant appel à des artistes qui réalisent de véritables œuvres pour promouvoir les services de la compagnie. Ainsi se succèdent en coulisses les illustrateurs Raymond Savignac et Jean Carlu, les peintres abstraits Georges Mathieu et Raymond Moretti, puis des cinéastes tels que Michel Gondry.

L'art se situe également dans le design des avions Air France. Toujours à l'avant-garde, la compagnie fait appel dès 1950 à Raymond Loewy, designer, qui travaillera sur le Lockheed Constellation, et plus récemment à Mark Collins qui conçoit une cabine business moderne et élégante, tout en sobriété. Chaque détail est pensé, de la vaisselle au plateau-repas en passant par les sièges.

LES UNIFORMES, L'ÉLÉGANCE EN TOUTES CIRCONSTANCES

Un peu d'histoire… Les hôtesses de l'air sont présentes dans les avions Air France depuis 1946. Auparavant, on ne trouvait que des stewards à bord. Leur premier uniforme, créé par Georgette Renal, bien qu'un peu strict, est un véritable outil de travail qui sert à être facilement identifiable et à leur donner l'autorité nécessaire pour faire respecter les consignes de sécurité. Ces femmes et ces hommes qui s'occupent des passagers tout au long des trajets que l'on effectue sur la compagnie française ont droit à des uniformes signés par les couturiers des plus grandes maisons françaises : Dior, Courrèges, Patou, Nina Ricci, Carven et dernièrement Christian Lacroix. Uniformes que certaines et certains leur ont enviés. Même Barbie, la fameuse poupée, a une tenue d'hôtesse de l'air.

[J'AI PORTÉ LE MÊME COSTUME PENDANT DIX-NEUF ANS… IL TIENT BIEN, C'EST CHRISTIAN LACROIX QUI L'AVAIT DESSINÉ.]

Les robes sont toujours extensibles, il y a toujours un peu de Lycra parce qu'on sait que ça gonfle et ça dégonfle. Toi, tu crois que les hôtesses, c'est des bombes ! Mais elles ne vont pas aux toilettes pendant quatre, cinq jours et elles s'en plaignent tout le temps ! T'entends que ça au petit déjeuner : « J'y suis pas encore allée ce matin. » Alors, toi, tu compatis, mais à la fin tu te dis quand même que t'as passé une semaine avec des bonbonnes de merde !

Mon astuce pour ne pas grossir : mets une gaine !

LE CHIC À LA FRANÇAISE

Comme dit ma mère...

C'est un costume PASSE-PARTOUT. C'est surtout moi qui ne passe pas partout.

Chaque steward a plusieurs uniformes, au cas où il se passerait quelque chose pendant des turbulences : des fois y a des trucs qui sont renversés ou moi qui ai taché des passagers, et c'est toujours au moment où tu sers le café qu'il y a des turbulences, j'y peux rien moi !
Alors du coup, on a des petites astuces ! Mesdames les ménagères, pour détacher, c'est une serviette avec du Perrier, pas d'auréole rien, et on tamponne, on ne frotte jamais.

L'EXCELLENCE DU PLATEAU-REPAS À LA FRANÇAISE

Les repas sont importants pour les compagnies aériennes. Mieux vous êtes classés et mieux vous mangez. Les repas sont souvent des créations originales préparées par des chefs étoilés, accompagnés de cépages inattendus… Une initiation au voyage pour vos papilles !

Sur le site d'une grande compagnie française, on peut lire : « Ambassadeurs de la tradition gastronomique française en plein ciel ». Les étoiles de la gastronomie se mettent au service des voyageurs pour leur proposer des mets raffinés et créatifs, rendant l'expérience du voyage encore plus unique.

En cabine business premier, economy, premium economy, au départ de chaque destination, les chefs de chaque pays se relaient pour vous faire vivre une expérience gustative inoubliable : depuis Paris, feu Joël Robuchon, Anne-Sophie Pic, Régis Marcon, Guy Martin, Olivier Bellin et Michel Roth, Jean Imbert ; vers Séoul, la chef coréenne Youn-Young Kim vous initie à la richesse des saveurs d'Asie ! Depuis Buenos Aires, le célèbre chef Olivier Falchi, originaire du sud de la France et installé en Argentine, vous fait découvrir dans ses créations toutes les saveurs de sa terre natale.

« Comme dit ma mère…

Tartine contre tartine n'a jamais fait bon sandwich ! »

LE SAVIEZ-VOUS...

LA GASTRONOMIE AU RENDEZ-VOUS

Chez Air France, le premier repas servi à bord en 1927 fait fantasmer : langouste à la parisienne, poularde de Bresse, financier et glace plombières. Au fil du temps, Air France fait évoluer son service en classes avant avec un itinéraire gourmand (entrées, plats et desserts), une restauration raffinée à l'image des crevettes sautées, conchiglie et caviar de courgette, sauce coco rehaussée au piment d'Espelette, et un chariot de desserts variés. La compagnie fait appel à de grands chefs français comme feu Joël Robuchon ou Régis Marcon pour signer un des plats de la carte et renouvelle sur proposition de grands sommeliers sa carte des vins fins et de champagne tous les deux mois. Ainsi vous retrouverez peut-être lors de votre prochain vol un Saint-Émilion grand cru. De quoi constituer un véritable restaurant gastronomique en plein ciel.

L'ART DE SERVIR À LA JEANFI

— **Madame, Quelle boisson apéritive puis-je vous offrir ?**

— Quelle sorte de vin rouge me proposez-vous ?

— **Écoutez, nous avons un large choix, une cave exceptionnelle, que notre compagnie met à disposition de ses passagers les plus fidèles, et élaborée par un des meilleurs sommeliers de France, intersidérale, cosmique, je cite Pablo Picasso* !**

— Oui, merci, monsieur, quel vin rouge avez-vous ?

— **Pas n'importe quel vin, madame. Un voyage initiatique à travers moult saveurs œnologiques. Tout d'abord, laissez-moi vous présenter le Gevrey-Chambertin collection 2010 qui a gagné par deux fois la *fashion wine* quand même grâce à sa robe pourpre vermillon, un vin nacré des domaines des vignes enchantées, le pessac-léognan aux saveurs subtiles et délicates, au teint très aimable, car nos vins sont aimables comme nous tous à bord, d'ailleurs. Alors qu'est-ce que vous voulvoul ?**

Il s'est cru sur un vol Charter, celui-là. NON ? Ça ne saurait tarder, alors !

— Je prendrai finalement un verre d'eau !

— **Hein ?! De l'eau ? Très bien, madame. De l'eau plate ou gazeuse ? De la Badoit ou du Perrier ? La Badoit est une eau de source aux vertus essentiellement digestives grâce à ses bulles de gaz carbonique. Une eau de source beaucoup plus calibrée qui accompagnera magnifiquement vos instants apéritifs avec une rondelle de citron ou du citron en rondelle.**

— Je ne sais plus…

— **Hein !? Tout ça pour ça, merci…**

* En référence à M. Paolo Basso, sommelier d'Air France et nommé meilleur sommelier du monde en 2013.

LE CHIC À LA FRANÇAISE

Parmi les fauteuils ergonomiques de la business, la danse s'opérait : les verres à pied biseautés pour l'occasion invitaient les coupes de champagne au quart d'heure américain, tandis que les serviettes plissaient leurs robes et s'installaient délicatement sur les genoux des passagers. Un à un, les couverts ergonomiques et affûtés pour l'occasion se mettaient en marche avec une précision quasi militaire, laissant entrer mesdames les assiettes de porcelaine, soulever leurs chapeaux cloches et tinter CLING, brisant ainsi le silence quasi sourd devant le regard émerveillé de mesdemoiselles les coupelles. Le concerto des papilles démarrait. Ainsi s'exprimait tout le raffinement des Arts de la table à la française.

[J'AI TOUJOURS TROUVÉ QUE LE MOT LE PLUS RAFFINÉ QUE POUVAIT ME DIRE UN PASSAGER ÉTAIT LE MOT « VOLONTIERS ». ON PEUT TOUT ME DEMANDER EN AJOUTANT LE MOT « VOLONTIERS ».]

LE SAVIEZ-VOUS...

Les compagnies aériennes regorgent d'innovations, et certaines ont développé une vaisselle écoconçue afin de mieux maîtriser l'impact des produits et services sur l'environnement. Cette vaisselle plus légère permettrait de réduire de près d'un tiers le poids des matériaux et les émissions de CO_2 associées.

MY NAME IS JET... JET LAG

Être navigant, c'est aussi être en déphasage permanent avec ton nouveau meilleur ami, Jet... Jet Lag. Un vol que tu vas faire, toi, passager, une fois pendant tes vacances, nous, on va le faire quatre ou cinq fois par mois. Tu vas partir à l'est (+ 6 heures), puis à l'ouest (- 9 heures), et tu vas revenir à l'est à (+ 7 heures), puis à l'ouest (- 9 heures)... Je peux t'assurer qu'au milieu du mois, tu ne sais plus comment tu t'appelles et qu'il n'est pas rare que tu retrouves ton éponge dans le frigo ou tes clefs dans la salle de bains, et que tu te fasses une omelette à 2 heures du matin ou des fraises dans l'après-midi.
Même en escale, tu peux avoir le jet lag ! Tu vas faire des courses dans le mall pour acheter une robe et une tunique, pour ne pas t'endormir. La fatigue te fait faire un peu n'importe quoi, et le lendemain, quand tu te réveilles, tu te demandes pourquoi tu as acheté ces habits. C'est pour ça que plein d'hôtesses ou de stewards ont des armoires remplies de vêtements avec les étiquettes encore épinglées dessus qui finissent par se retrouver sur des sites de troc pour rentrer dans leurs sous.

LE SAVIEZ-VOUS...

Le jet lag se produit lors de voyages impliquant le passage de plus de trois fuseaux horaires. C'est en général à partir de trois heures de décalage horaire que les effets du jet lag se font sentir. Les voyages qui sont effectués d'est en ouest, comme un vol Paris-New York par exemple, sont les plus fatigants pour l'organisme.

Mon conseil anti-jet lag, si vous vous déplacez vers l'est (vers l'Asie), décalez peu à peu votre rythme en vous couchant chaque jour légèrement plus tôt. Si vous allez vers l'ouest (vers les États-Unis), c'est le contraire : allez au lit un peu plus tard. Une fois dans l'avion, évitez les somnifères, évitez la caféine et contentez-vous de caler vos repas sur les horaires du pays de destination. Mangez léger !

VIS MA VIE DE

IL N'EST PAS RARE, AVEC LE DÉCALAGE HORAIRE, QUE VOTRE CERVEAU DE STEWARD CONTINUE À TRAVAILLER MÊME LORS DES PHASES DE REPOS. AINSI VOUS VOUS RÉVEILLEZ FRÉQUEMMENT EN PLEINE NUIT : « AH, ZUT, J'AI OUBLIÉ LE VERRE D'EAU DU 4B. »

LES SECRETS D'ALCÔVE

Beaucoup de passagers se demandent où sont nos couchettes. Parfois on descend, parfois on monte, selon les modèles d'avion. On est choyés, on a des couchettes qui ressemblent un peu à une navette spatiale avec des petits néons bleutés : c'est beau !

Après le premier service, une moitié de l'équipage va se reposer pendant que l'autre garde le pont. En général, sur les long-courriers, on arrive à avoir de deux à quatre heures de sommeil – il faut qu'on reste vigilants pour la sécurité des passagers. Les secrets d'alcôve ? Chut ! Ça doit rester secret. Je peux juste raconter qu'il s'en passe, des choses, là-dedans, et que les animaux qui ne sont pas très loin de nos couchettes se divertissent bien !

LE 6e CONTINENT

Que deviennent les bagages oubliés ? En fonction des compagnies aériennes, les bagages sont conservés de 3 semaines à 3 mois, délai au-delà duquel les affaires sont triées et vendues aux enchères au profit d'associations caritatives.

JAMAIS SANS MON BAGAGE !

Un passager sur cent a la hantise de perdre son bagage. Plus il y a de correspondances, plus le temps de transit est court, plus le risque de perte du bagage augmente. D'abord, au sol, les passagers pratiquent un tas de combines pour monter avec un maximum de sacs à bord. Ils ne veulent généralement jamais se séparer de leur valise. On les comprend un peu aussi. Il nous est tous arrivé d'attendre en regardant fixement le tapis roulant sur lequel défilent toutes les trois minutes la même valise, le même sac à dos bleu – que vous avez un moment pris pour le vôtre, d'ailleurs –, le même cabas. À croire que les bagages se sont fait la malle pendant quelques jours en toute impunité. « Tiens, le sac à dos, ça te tente une petite escale à Rome ? J'irais bien visiter le Vatican ! », dit le sac.

> **Comme dit ma mère...**
>
> **Pas de valise, tu balises !**

LE SAVIEZ-VOUS...

Avec plus de 4 milliards de passagers transportés, seuls 26 millions de bagages sont perdus chaque année. Au niveau international, la Société internationale de télécommunication aéronautique estime que 7 bagages pour 1 000 passagers transportés (9/1 000 en Europe où les escales sont les plus fréquentes, 3,2/1 000 en Amérique du Nord et seulement 2/1 000 en Asie) ne se trouvent pas sur le tapis roulant. Heureusement, les propriétaires finissent par récupérer leur bien dans plus de 99 % des cas.

CYNTHIA

MES PETITS CONSEILS VANITY

1

Comment retirer l'odeur du vomi ?
En mettant du café soluble dessus.

2

Pour ne pas être déshydraté, restez en mouvement et buvez un litre d'eau toutes les quatre heures de vol. L'air est sec en altitude, l'hydrométrie faible.

3

Pour ne pas paraître fatigué, posez un sachet de thé imbibé sur chaque paupière, laissez dix minutes. Attention, si vous dépassez le temps prescrit, des auréoles marronnasses, verdâtres si c'est du thé à la menthe, apparaîtront.

3

Pour avoir bonne mine en toutes circonstances.
Besoin d'un léger coup de fouet au visage ? Quelques gouttes de Coca-Cola suffisent pour raviver votre bronzage ou vous permettre de garder un teint hâlé toute l'année...

4

Ne mettez surtout pas de faux ongles. pour remettre l'élastique de sa culotte, c'est moins pratique.

5

Ma petite pharmacie : le baume du tigre, pour soulager le mal de tête, les douleurs articulaires ou les piqûres de moustique, une huile essentielle de menthe pour se laver les dents, des clous de girofle en cas d'aphte…

6

Toujours prendre un préservatif sur soi.

En dehors de la protection contre les maladies sexuellement transmissibles, le lubrifiant associé au plastique permettra de faire briller vos chaussures et de les conserver dans un état toujours impeccable.

- Il aide également à la préservation de la fraîcheur des fruits Dans ce cas, le prendre sans lubrifiant.
- En escale, sur la plage, mettez un peu de sable dans votre préservatif et refermez-le, il vous servira de boule antistress.
- En cas de crash, vous en ferez également un usage optimal en l'utilisant comme protection imperméable pour votre portable. Il suffit de l'en recouvrir puis de le fermer d'un nœud très serré. Ou, vous pourrez y glisser, telle une bouteille à la mer en moins polluant, un petit message pour vos proches.

Inutile de préciser que, pour tous ces exemples, ne pas se servir d'un préservatif usagé.

7

Avoir une valise impeccable.

Plier son linge à l'envers pour ne pas que cela s'abîme et se tache.

AVANT

LES CRITÈRES DE RECRUTEMENT

1,55 m minimum pour 45/65 kg, 70 cm de tour de taille. Célibataire, pas d'enfant, veuve et divorcée (c'était des maîtresses de maison à bord).

LE SERVICE

Chariot avec poisson entier, gigot, fromage à la découpe.

L'ATTITUDE DES PASSAGERS

Les gens prenaient les hôtesses de l'air pour des mannequins.

LES SERVICES LECTURE À BORD

Les revues de presse en première.

LE 11 /09

On pouvait tout prendre.

LE COSTUME DE TRAVAIL

L'uniforme et, pour les hommes, la casquette.

LE DUTY FREE

On passait dans les allées.

DE NOS JOURS

LES CRITÈRES DE RECRUTEMENT

Âge : de 18 à 35 ans.
Avoir un profil agréable et être en bonne santé (maintenant, c'est un métier).

LE SERVICE

Plateaux-repas ou assiettes déjà préparées pour la *business class*, et service sandwichs pour les *low-cost* en économique.

L'ATTITUDE DES PASSAGERS

Désormais, ils les prennent pour des boniches de l'air.

LE 11/09

- On retire presque tout lors des passages aux rayons X.
- Passeports avec empreintes digitales.
- Plus de couteaux, ciseaux ou limes à ongles dans les bagages à main.
- Les flacons contenant 100 ml de liquide, gel ou gaz doivent être placés dans des sacs en plastique transparent.
- Les chaussures sont considérées comme des armes potentielles.
- Même les passagers sont passés au scanner. Portes blindées pour l'accès au poste de pilotage.

LES SERVICES LECTURE À BORD

L'iPad.

LE COSTUME DE TRAVAIL

Aujourd'hui, plus de budget, uniforme *low-cost* avec port de baskets (on est loin des uniformes haute couture).

LE DUTY FREE

À l'arrière de l'avion, on joue à la marchande.

LE STEWARD DE RÉSERVE

Un steward de réserve sert à remplacer une hôtesse ou un steward absent de façon à ce que 100 % des vols puissent s'opérer. Pour un steward, les périodes de réserve sont de 18 jours par an, chacune ne pouvant dépasser 6 heures d'affilée. La réserve indique que tu dois être « à disposition » pour ta compagnie et que tu peux partir à tout moment. Les heures de réserve sont en partie comptabilisées dans tes heures de vol.

C'est contraignant, tu es convoqué la veille pour le lendemain, parfois à 6 heures du matin, et tu attends avant d'être affecté sur un vol.

Tu as intérêt à prévoir ta valise en conséquence… Tu ne connais ni la destination ni la durée de ton séjour qui varie en fonction. Alors tu pratiques le « nini », ni trop chaud ni trop froid. Ni trop ni trop peu.

On a un bipeur qui nous prévient si on part et qui se déclenche à n'importe quel moment, comme les urgences pour les médecins. Quand on est convoqués, on arrive tous les uns après les autres en fonction des heures de convocation dans une grande pièce… Il y a aussi une salle avec des lits, des télés… et on attend… on attend… on papote en retrouvant de vieilles connaissances qu'on a croisées sur des vols précédents, dont on ne se souvient pas forcément, d'ailleurs…

Et tu attends… tu attends… pour au final parfois rentrer chez toi bredouille, et tu peux très bien recommencer le lendemain.

> JE M'ÉTAIS ENGAGÉ À SUCLASSER UN COPAIN. SAUF QU'IL AVAIT DÉJÀ UN BILLET BUSINESS. JE LUI AI DIT « T'INQUIÈTE », JE VAIS TE SURCLASSER DANS LE COCKPIT.

DEVINETTE

Comment on appelle ceux qui ne sont pas Marie-Toutoule ?

Réponse : Des stewards ! Nous, on est un peu des hôtesses de l'air à couilles.

Enfin ça, c'était à son époque ! Maintenant un simple signalement par SMS… tu les verrais, les yeux rivés sur leur portable en attendant ledit signal qui changera le cours de leur journée.

Le copilote est l'assistant du pilote.

FAUX Ils ont tous deux suivi strictement la même formation, ont les mêmes qualifications et les mêmes compétences et font le même travail ! Le pilote est responsable de l'avion qu'il commande (sécurité et bon acheminement), il a l'autorité sur l'équipage. Le copilote ne devient commandant de bord qu'après plusieurs années d'expérience.

ASTUCE

C'est terrible, les gens qui ont peur en avion. En même temps, je peux comprendre, c'est effrayant de penser qu'on va être enfermé avec des inconnus à dix mille mètres d'altitude et qu'on ne pourra pas sortir de l'appareil. Moi, j'ai toujours une boîte à grigris quand je vole. Je ne peux pas partir sans. Comme si je me disais « Attention, il y a de fortes turbulences, mais ne vous inquiétez pas, j'ai ma boîte à grigris. »

Une personne sur trois est aérophobe. Pour vous rassurer, l'avion est 17 fois plus sûr que la voiture, et dans 70 % des cas, les risques d'accident sont au décollage ou à l'atterrissage. Les avions sont testés avec des appareils à poulets pour simuler les accidents d'oiseaux sur le pare-brise ou les moteurs, et les pilotes font des tests quatre fois par an dans un simulateur de vol. Il y a, pour chaque vol, deux plats différents pour les pilotes, ainsi ils ne risquent pas d'être victimes d'une intoxication alimentaire en même temps.

PASSAGERS SUPERSTITIEUX, SOYEZ RASSURÉS : LE RANG 13 N'EXISTE PAS DANS LES AVIONS.

Malgré cela, certains passagers sont vraiment en panique. La dernière fois, une dame voulait ouvrir la porte : elle voulait sortir pour respirer. J'ai dit :
— Hé oh ! On va être aspirés, hein ! Ouvrir la porte, c'est comme quand il y a un hublot qui pète, il y a une dépressurisation : l'air le plus fort va vers la pression la plus faible et cela aspire tous les passagers… Rasseyez-vous.
Je voulais la rassurer, alors j'ai ajouté :
— S'il y a un souci, des masques à oxygène tomberont devant vous, et il y a des gilets de sauvetage sous votre siège.
Elle m'a répondu :
— Un gilet de sauvetage ? Ce n'est pas le meilleur accessoire pour voler !

LE SAVIEZ-VOUS…

Un Airbus A320 peut planer sur une distance allant jusqu'à vingt fois son altitude si les deux moteurs tombent en panne.

LES PEURS EN AVION

Avant toute chose, vérifier l'état d'épuisement du pilote...

OUBLIEZ VOTRE GÊNE !

Les médecins sont formels : se retenir de lâcher un vent dans les airs peut entraîner de nombreux symptômes chez le passager aérien trop soucieux des convenances. Selon une étude exhaustive du *New Zealand Medical Journal* menée par des gastro-entérologues, il est recommandé de se laisser aller et de ne pas retenir ses pets. C'est donc ça, les avions à « raie action » !

VRAI FAUX

Je meurs si je ne relève pas ma tablette.

FAUX C'est un simple principe de précaution. En cas de freinage d'urgence, vous pouvez la prendre dans le diaphragme.

ASTUCE

Quand je sens que les gens sont stressés pendant un vol de nuit et qu'il fait tout noir dans l'avion, je prends un gobelet avec un fond d'eau et je le jette. Ça fait plein de gouttelettes partout. Les gens se réveillent et leur premier réflexe est de toucher le plafond – « Eh, pourquoi y a de l'eau ? » Alors, je vais les voir et je demande :

— Y a un problème ?

— Ben, euh, y a de l'eau !

— Voilà, avant de partir, il manquait une tuile, deux rivets. Je l'ai signalé, ils m'ont pas écouté, un orage, et voilà, résultat, un dégât des eaux...

COMMENT RASSURER UN PASSAGER ?

C'est très difficile de rassurer un passager en avion. Parfois, on tombe sur des gens un peu hystériques. Alors, discrètement, on leur met une ou deux gouttes d'alcool dans leur café. Avec l'altitude, ils tombent comme des mouches. Non, je plaisante évidemment ! Avant, j'ouvrais le rideau à l'arrière et je faisais un signe de croix, puis je refermais le rideau vite fait, ça les amusait et les détendait. C'était avant le 11 septembre. Maintenant, je ne le referais plus.

[LES TURBULENCES SÉVÈRES SONT SOUVENT EXPLIQUÉES PAR LE GRAND NOMBRE DE ~~CUNNILINGUS~~ DANS LE CIEL !]

Cumulus

LE JOUR OÙ...

... une hôtesse avait oublié de désarmer le toboggan. Quand on a ouvert la porte, ça a fait « pschhhhhhhh... », le toboggan s'est déplié... on était à l'aéroport et on n'a évacué personne.

LES PEURS EN AVION

> Comme dit ma mère…
>
> **Mieux vaut être en retard dans ce monde qu'en avance dans l'autre.**

LE SAVIEZ-VOUS…

Les oiseaux sont un vrai problème pour les avions. Pour y remédier, une spirale blanche est représentée au centre du réacteur de certains moteurs. Elle est censée reproduire l'œil d'un faucon pour effrayer les oiseaux quand elle est en mouvement, une fois le moteur en marche.

VRAI FAUX

Les mystérieuses boîtes noires sont orange.

VRAI elles sont ainsi plus facilement repérables sur les lieux de sinistres.

LE SAVIEZ-VOUS...

Les dossiers des sièges passagers doivent être redressés au décollage et à l'atterrissage pour pouvoir évacuer plus facilement en cas d'urgence.

Lors d'une dépressurisation de la cabine, un masque à oxygène tombe automatiquement devant chaque passager. Pour les familles voyageant avec bébés et/ou enfants, il est vital pour les parents de mettre leur masque à oxygène avant d'aider leurs enfants.

Les avions peuvent voler avec un seul moteur.

LES IDÉES REÇUES : NON, L'APPAREIL NE RISQUE RIEN AVEC LA FOUDRE !

Lors des orages, la foudre peut frapper un avion. Ces incidents sont fréquents dans l'aviation. Généralement, l'éclair frappe l'extrémité avant de l'appareil (le nez de l'avion) et ressort par la queue sans incident réel. Le fuselage métallique de l'avion fonctionne comme une cage de Faraday.

DEVINETTE

Comment dit-on à un passager d'arrêter de boire ?
On dit : « Stop ! Le bar est fermé. »

LES PEURS EN AVION

LE SAVIEZ-VOUS...

Le mystérieux trou d'air est une appellation inventée par les passagers. Pour nous, stewards, c'est simplement une turbulence. C'est une masse d'air chaud qui affronte une masse d'air froid, et c'est ce qui forme le « trou d'air ».

VRAI FAUX

En cas d'accident, on a plus de chances de survie en classe affaires qu'en économique.

FAUX C'est mieux d'être en queue d'avion parce que, quand on se « crashe », c'est le devant qui prend. Ce sont les riches qui meurent en premier !

Un passager *Sky Priority* est celui qui, en cas d'accident, va au ciel en premier.

FAUX Ce sont ceux qui voyagent le plus souvent et montent en premier dans l'avion.

LES RISQUES DE MOURIR EN AVION

LES RISQUES DE MORT*

D'UNE MAUVAISE CHUTE
1/20 666

PAR LA FOUDRE
1/320 000

D'UNE CRISE CARDIAQUE
1/950 000

D'UNE PIQÛRE DE MOUSTIQUE
1/1 600 000

D'UNE EXPLOSION NUCLÉAIRE
1/10 000 000

D'UN CRASH
1/16 000 000

* Selon une enquête du *Guardian Datablog*.

LES PEURS EN AVION

Le train et l'avion restent les moyens de transport les plus fiables.

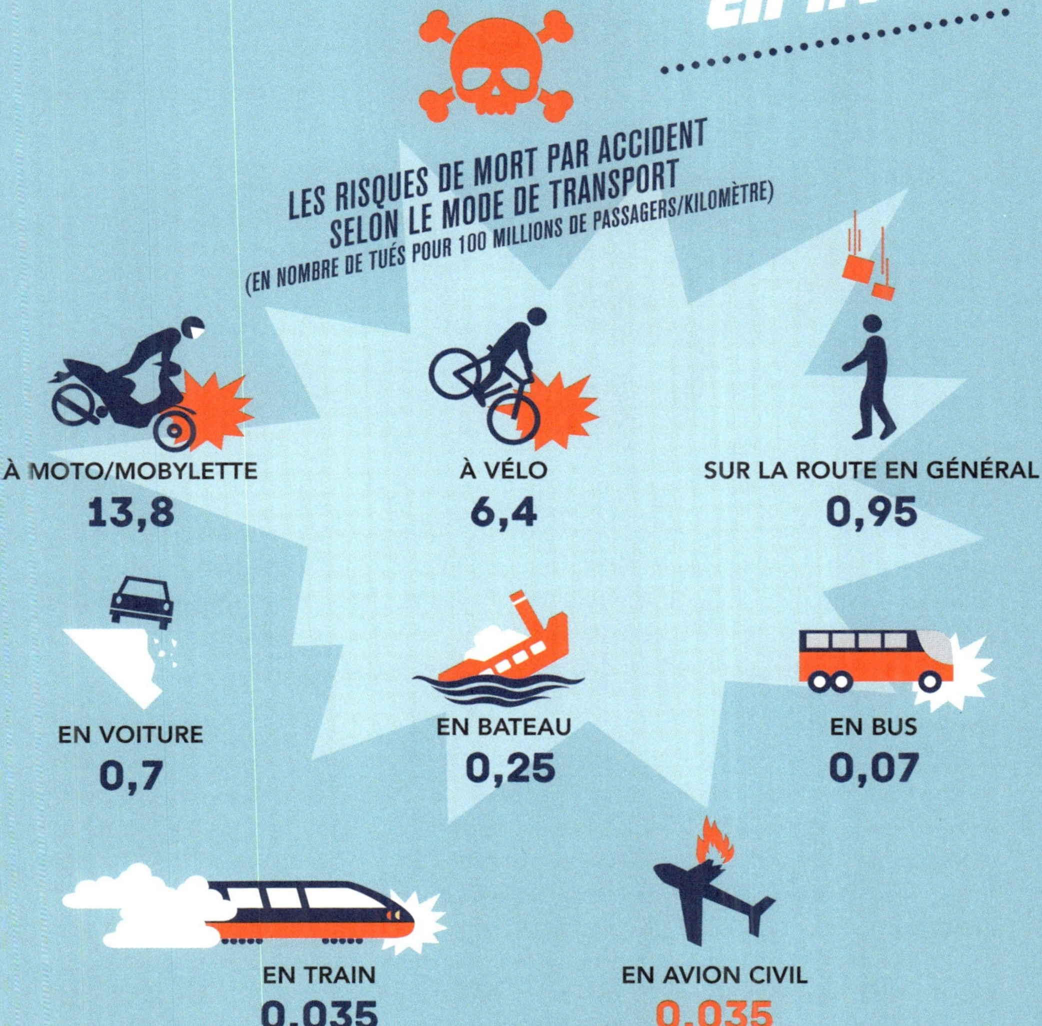

PASSAGERS DE DIFFÉRENTES CULTURES

DIS-MOI D'OÙ TU VIENS, JE TE DIRAI QUI TU ES !

L'avion est souvent un melting-pot de la société. On y retrouve toutes les nationalités du monde. C'est très enrichissant.

Hôtesse
Pourquoi demandent-ils des verres avec de la glace ?

Jeanfi
Toi, tu crois qu'ils vont sucer des glaçons pendant tout le vol ? Mais t'es bête, c'est parce qu'ils ont une bouteille d'alcool pas loin.

Les Russes

Tout d'abord, cette nouvelle clientèle qui voyage énormément. Ce sont les passagers les plus difficiles à gérer parce qu'ils sont ivres la plupart du temps. Ce sont des « Igor » de deux mètres, alors tu n'es pas très à l'aise pour exercer ton autorité et leur donner des ordres. Ils montent à bord avec leur propre bouteille de vodka et ils ne nous demandent que des verres avec de la glace…

Les Américains

Ils en font souvent des tonnes. « *It's amazing, thank you, thank you so much, you're so cute, so beautiful, so wonderful.* » Je dis toujours : « *Oh ça va, c'est qu'un verre d'eau, c'est pas un lingot, hein !* » Ils sont très familiers, ils t'appellent souvent par ton prénom. Tu as souvent l'impression d'être une star d'Hollywood : « *Yes, Trevor, Brian, Brenda, Susie is cooking in the kitchen.* » Par contre, ils sont super exigeants, et peuvent faire semblant de ne pas comprendre ton anglais quand cela les arrange. Je dois avouer que tu les sers souvent en deux temps, surtout les Texans. Difficile parfois de comprendre ce qu'ils veulent, tellement leur accent est à couper au couteau. Avec eux, on fait attention, un contrat est un contrat. On n'a pas franchement envie d'être poursuivi à la sortie de l'avion.

LE JOUR OÙ…

… j'ai servi un passager américain. Je vais à sa rencontre et lui demande poliment ce qu'il souhaite boire, dans un anglais à peu près maîtrisé… « *Hello, Sir, what would you like to drink ?* » Le passager me répond : « Du boudou, *please.* » Je réitère, je n'avais pas bien entendu. « *Sorry, Sir, could you please repeat. We don't have boudin.* » Et le passager répète. Je m'en vais vers l'hôtesse et lui dis : « Excuse-moi, est-ce que tu pourrais m'aider : le monsieur voudrait du boudin, je ne sais pas comment lui répondre. » L'hôtesse s'approche et me dit : « Monsieur aimerait du bordeaux, tout simplement. »

On adapte vraiment notre service à notre clientèle. Ne jamais oublier : notre ambition est de fidéliser notre clientèle et de véhiculer l'image de la France à travers le monde. Par exemple, on sert toujours **les Indiens** avec les deux mains et surtout pas de la main gauche seule, car celle-ci est culturellement dévolue aux ablutions. On ne montre ou ne touche jamais du doigt, on indique avec la paume ouverte et les doigts bien collés si besoin.

C'est pareil pour **les pays musulmans**. Il est important d'éviter de toucher les aliments ou de serrer la main de quelqu'un avec la main gauche. En effet, elle est considérée comme impure, car c'est celle dont on se sert aux toilettes.

Il est important de savoir distinguer le « oui » du « non » lorsque les **Indiens** remuent la tête ou quand les **Japonais** font un battement de la main devant le visage pour exprimer un non catégorique…

Avec **les Grecs**, il est préférable de ne pas faire le chiffre 5 avec sa main, car c'est le signe de la *moutza*, la malédiction.

Aux **Anglais**, on ne fait pas le « *V sign* » la paume face à soi. Pour les **Français**, c'est le signe de la victoire, pour les Anglo-Saxons, c'est une insulte.

Une légende urbaine fait remonter l'origine de ce signe à la guerre de Cent Ans. Lorsque les Français capturaient un archers anglais, ils lui sectionnaient l'index et le majeur, car ces deux doigts étaient essentiels pour tirer à l'arc. En signe d'insulte, les archers anglais auraient pris l'habitude avant la bataille de faire le signe V à l'adresse des Français.

Pour parler aux passagers **chinois** ou **japonais**, il faut toujours avoir quelques mots de chinois ou de japonais dans sa besace : « *Yamakasi, tamagoshi, yamaha, yamamoto, sushi* ? » C'est tout un cérémonial de les servir. C'est assez difficile de rentrer en communication avec eux, parce que leur culture est vraiment très différente de la nôtre. Ils sont assez froids et ne s'expriment pas trop. Même leur écriture, on croirait du vermicelle. Ils voyagent souvent en groupe, particulièrement les Chinois. Et ils crachent ! On leur fournit des pots de yaourt, sinon ils cracheraient par terre. Paraît que c'est culturel. Le crachat fait partie des mœurs chinoises. Les Chinois, plus les hommes que les femmes, se raclent la gorge bien profondément ! Assez récemment, des Chinois se sont fait remarquer en ouvrant les portes des issues de secours avant le décollage. Et tu n'as pas intérêt à être enrhumé, car il ne faut jamais se moucher devant eux.
Les Japonais voyagent avec des petits cailloux. « Les Petits Poucets », on les appelle. Il n'est pas rare de voir une rangée de cailloux depuis la porte jusqu'à leur siège, des fois qu'ils se perdraient.

IL N'Y A PAS SI LONGTEMPS, LES CHINOIS NE PARLAIENT PAS ANGLAIS. SI BIEN QU'IL FALLAIT PARFOIS DESSINER SUR LEUR MENU UN POULET OU UN POISSON POUR COMPRENDRE SUR QUEL PLAT SE PORTAIT LEUR CHOIX, PAR EXEMPLE.

INFO OU INTOX

La Chine développe un vaste programme de notation de ses citoyens basé sur leurs comportements en ligne et dans la vie réelle. À partir du 1er mai 2018, les moins bien notés ne pourront plus prendre l'avion et le train pendant un an. La Commission nationale de réforme et développement a annoncé qu'une liste d'individus au comportement répréhensible avait été établie.

THE PASSPORT INDEX

Un nouveau site Internet, *The Passport Index** répertorie et classifie les passeports (par pays, couleur et « puissance ») en fonction du nombre de pays que leurs détenteurs peuvent visiter sans avoir besoin de visa, vous n'aurez donc plus besoin de vous poser de questions. D'après le classement du site, plusieurs pays, principalement européens, sont *ex-æquo* sur les plus hautes marches du podium. Si sans surprise, la Suisse arrive parmi les premiers, les autres résultats sont un peu plus surprenants. En un an, la France a conservé sa deuxième place, tandis que le Royaume-Uni, ex-premier, a été relégué à la deuxième marche du podium, et les États-Unis à la quatrième.

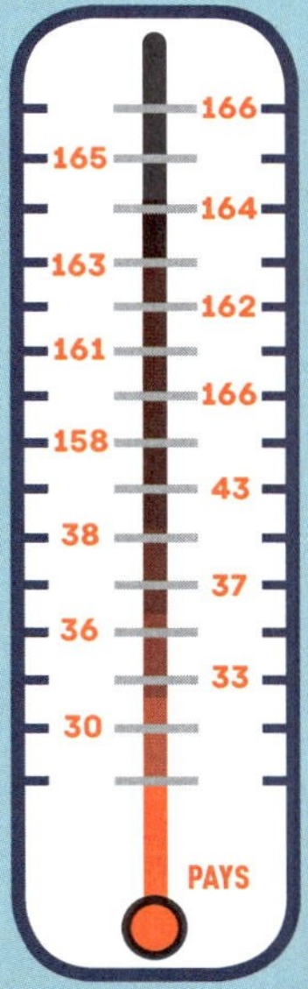

LES PASSEPORTS ROUGES INCLUENT LE ROYAUME-UNI, LA MONGOLIE ET SINGAPOUR.

LES PASSEPORTS VERTS INCLUENT LA LIBYE, LE ZIMBABWE ET L'ARABIE SAOUDITE.

LES PASSEPORTS BLEUS INCLUENT LE KENYA, LES ÉTATS-UNIS ET LA SLOVAQUIE.

LES PASSEPORTS NOIRS INCLUENT LE VATICAN, LE MALAWI ET LE MEXIQUE.

*Liste exaustive des pays sur passportindex.org

Si **les Africains** sont souvent exagérément polis et s'expriment parfois en ancien français – heureusement que j'ai toujours mon Rabelais de poche sur moi –, ils sont joyeux.

Les Français sont les plus râleurs, mais pas procéduriers. Ils sont impatients et ne supportent pas de voir le passager de devant abaisser son siège par exemple. Ils aiment être servis rapidement, comme s'ils allaient arriver à destination avant les autres. Ils ne supportent pas d'être servis en dernier, parce que le service est de l'extérieur à l'intérieur d'une rangée. Ils donnent facilement des coups de pied ou des coups de genou, en râlant, ou pire utilisent un *knee Defender* (un bloc-siège), et réclament souvent du « rabiot » comme à la cantine (un deuxième plateau).

LES ANECDOTES DE ***JEANFI***

LA BARRIÈRE DE LA LANGUE

Parfois, il y a vraiment une barrière de la langue. Dans les hôtels, Il n'est pas rare de voir une hôtesse se faire faire un massage des pieds alors qu'elle avait pris rendez-vous pour un soin détox visage.
Je me rappelle une fois, j'avais commandé vingt *lucky bambous* (tiges de bambous à mettre dans un vase). Le réceptionniste de l'hôtel m'a appelé pour me prévenir de la livraison de ma commande. Mais, lorsque je suis descendu, j'ai vu un camion qui déchargeait vingt énormes pots de bambous...

Passager japonais
Domo arigato gozaimasu !

Jeanfi
Hein ? Quoi ?
J'aime pas les gâteaux et le maïs non plus ?

DEVINETTE

Comment appelle-t-on quelqu'un qui parle trois langues ? Un trilingue.
Comment appelle-t-on quelqu'un qui parle deux langues ? Un bilingue.
Comment appelle-t-on quelqu'un qui ne parle qu'une langue ? Un Français.

“Le plus grand voyageur n’est pas celui qui fait deux fois le tour du monde, mais celui qui a fait une fois le tour de lui-même.”

Gandhi

DESTINATION INDE

Je suis souvent allé en Inde. Delhi, Bombay, Madras, j'en ai ingurgité, du végétarien « efregenvitu »... Trente langues officielles, des milliers de castes, des vaches aux cornes peinturlurées, une profusion de senteurs et de bruits : bienvenue en Inde !
À peine arrivés à l'aéroport, on s'est jetés sur le premier *rickshaw**. On avait envie d'aventure. J'avais adoré le film *La Cité de la joie* avec Patrick Swayze. On a failli mourir sur la route, enfin... sur le chemin de terre. Les motos, les taxis, les rickshaws, les « boîtures » – si, si, les voitures ressemblent plus à des boîtes –, les éléphants se faufilant entre les vaches sacrées et les femmes portant des charges sur leur tête. Tu comprends pourquoi ils appellent ça « des vaches sacrées ».
Là-bas, c'est jamais sans mon pashmina. Amis asthmatiques, fuyez ! Je me rappelle que, pour aller plus vite, le chauffeur avait pris une rue en sens inverse. J'avais dit à mon collègue de bien regarder les panneaux. On n'avait pas prévu que, peints à la main, ils s'effaceraient. Face au concert de klaxons qu'on avait déclenché, on s'est fait arrêter par la police, sauf que le chauffeur s'est enfui pour ne pas payer l'amende. Les policiers ont contrôlé nos passeports puis nous ont arrêté une moto pour nous permettre de repartir. Avec notre hindi imbitable, nous nous sommes retrouvés embarqués à cinq, avec des étrangers, en brochette tandoori, sur une toute petite moto, et invités chez l'habitant.
D'un coup, on s'est retrouvé dans des ruelles minuscules. Les voisins du quartier se sont réunis et ont sorti en un temps record des fruits, du riz... Les ruelles désertes s'animaient, et ça criait dans tous les sens. Une foule a commencé à s'attrouper, à se présenter à moi, limite en se prosternant. Impressionnés par ma blondeur, ils m'avaient pris pour un dieu. Tout le monde me photographiait. Ah oui, parce qu'ils n'ont pas d'eau, mais ils ont du réseau !

* Moyen de transport local, équivalent du tuk-tuk.

Mon collègue a quitté la pièce pour faire l'expérience des toilettes en Inde et il est revenu avec des tongues toutes humides et le papier dans la main, interloqué. Il m'a demandé : « Mais on est où ? » Je me suis retourné vers une petite fille qui avait un point rouge sur le front – un *bindi*, ils appellent ça ! J'ai dit : « Vous êtes ici ! » en rigolant. Sauf que le père s'est approché et m'a mis une couronne de jasmin autour du cou. « *Pure heart* », qu'il a dit. Des chants se sont alors fait entendre dans le village. J'ai compris qu'il me cédait gentiment sa fille… J'ai dit à mon collègue : « Allez, dis au revoir à Shiva, Jésus, Ganesh, Vishnu, Krishna, Laxmi…, on y va ! »

DÉFIEZ LES LOIS DE L'APESANTEUR !

L'amour dans les avions, c'est un sujet qui revient souvent. Il y a une espèce de fascination, de fantasme pour beaucoup. C'est un endroit insolite, où l'on risque d'être surpris. Braver l'interdit, connaître des sensations de haute voltige, ça excite. Les cabines sont super oxygénées… Certains pensent que ça rend euphorique.

Les adeptes du *Sex in the air*, on les appelle le « Mile High Club ». Car leur rêve, c'est de faire l'amour à 10 000 pieds ! On part du principe que les sensations seraient décuplées en plein vol. Les gens se cachent sous les couvertures. Ça se tripote… Ça suçote un peu… Quand on passe dans les allées, ça fait comme une tente. Tu te dis qu'il y a un truc. C'est pas un fantôme. Et puis, il y a aussi certains passagers qui pensent que l'hôtesse est fournie avec le billet. Mais ça, c'est autre chose.

Que sont supposés faire les membres d'équipage face à un couple en train de se bécoter dans les toilettes ? Règle n° 1 : toquer avant de paniquer. On est censés frapper à la porte, s'enquérir poliment de la situation et s'introduire – dans les toilettes uniquement, évidemment – si c'est nécessaire. On n'a bien évidemment pas le droit de participer. Les compagnies aériennes ne prévoient pas de consignes particulières ni de mesures d'interdiction. Le sexe en avion est le plus souvent toléré.

[LE PLUS GÊNANT QUAND DEUX PERSONNES D'UNE MÊME RANGÉE FONT L'AMOUR, C'EST POUR CELLE DU MILIEU.]

SEX IN THE AIR

PLUTÔT COUVERTURE OU WC ?

Sous la couverture, vous aurez une plus grande liberté de mouvements. Plus discret, les autres passagers pourront penser que vous vous enlacez pour dormir. Une petite gâterie à votre partenaire ? Simulez la perte d'une petite boucle d'oreille. Amis de la classe économique, assurez-vous que la compagnie vous propose des couvertures !

Vivons heureux, vivons cachés : vous serez adeptes des WC ! Contorsionniste avéré, dans les toilettes, vous vous éclaterez ! Attention tout de même, exercice de rapidité. Les toilettes sont visitées toutes les quinze minutes en moyenne par le personnel aérien et bien plus fréquemment par un passager qui souhaite se soulager.

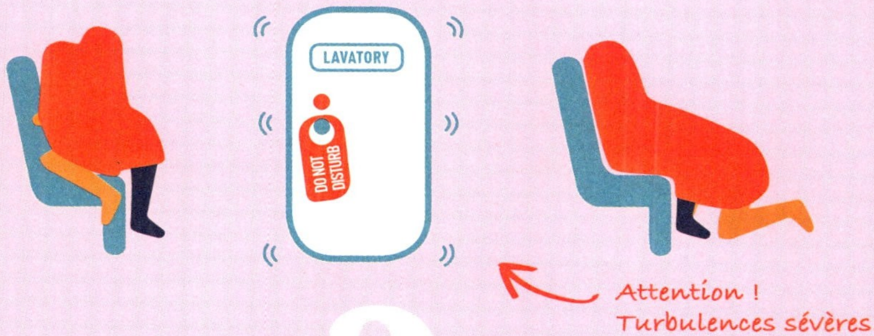

LE SAVIEZ-VOUS...

Le magazine *Health* recense les toilettes d'avion parmi les douze endroits les plus infestés de microbes que l'on est susceptible de fréquenter dans une journée.

BLAGUE DE HAUTE VOLTIGE

Nous sommes sur un vol long-courrier au-dessus du Pacifique. Tout le monde dort, sauf deux homos qui n'arrivent pas à trouver le sommeil. L'un des deux, le moins timide, propose à son ami de faire l'amour, là, dans l'avion !

— Allez, on le fait. On en avait déjà parlé, tu étais d'accord !

— Non, mais tu te rends compte du monde qu'il y a ! Non merci, j'ai pas envie de prendre la honte si on nous surprend !

— Mais on ne risque rien, tout le monde dort. Allez !

— Comment peux-tu en être aussi sûr ?

— Mais si, j'en suis sûr. Regarde !

Il se lève et demande à voix haute :

— Est-ce que quelqu'un aurait un stylo, s'il vous plaît ?

Aucune réaction des passagers...

— Tu vois, tout le monde dort, personne ne peut nous surprendre. Prends-moi, j'ai vraiment trop envie !

Le second, rassuré, se met à l'ouvrage. Les deux hommes font l'amour sans être dérangés et s'endorment peu de temps après. Au petit jour, l'hôtesse passe dans les couloirs et demande à chacun si tout s'est bien passé. Et là, non loin des places de nos deux amoureux, une petite vieille grelotte.

— Madame, tout va bien ? lui demande l'hôtesse.

— Oh ! J'ai eu un peu froid cette nuit, mais sinon ça va.

— Mais vous auriez dû demander une couverture...

— Ah ça, non ! Un monsieur a demandé un stylo et il s'est fait enculer toute la nuit.

SEX IN THE AIR

SKY IS NO LIMIT : IN FLIGHT FLIRT !

Il existe une appli appelée Airdates, l'appli des *miles high clubber*. Il suffit d'inscrire son numéro de vol et son itinéraire pour chatter avec un autre membre du club et essayer de le retrouver dans l'avion ou à l'aéroport pour une pause câlin réussie. La technologie utilisée étant le wifi *multipeer*, ça ne crée pas de fréquences gênantes pour le vol.

Certaines compagnies utilisent aussi les films pour développer une fonction *Seatchat*, qui permet aux voyageurs de se parler par siège interposé durant le visionnage de ceux-ci.

LE SAVIEZ-VOUS...

Richard Branson, président de Virgin Atlantic, a été jusqu'à installer des lits doubles munis de rideaux, pour « un vol plus intime », dans certains avions.

COMMENT FAIRE L'AMOUR EN AVION ?*

78 % des 11 000 et quelques passagers du transport aérien interrogés aimeraient faire l'amour en plein vol – **5 %** affirmant être passés à l'acte.

Le « compagnon de jeu » le plus fréquent dans cette aventure est son/sa partenaire (**37 %**). Néanmoins, les voyageurs solos ont leurs chances aussi… puisque **30 %** des sondés ont couché avec un étranger, **18 %** avec un membre d'équipage, **15 %** avec un ami.

Les toilettes sont le principal refuge des amoureux (**59 %**). Toutefois, certains ne prennent même pas la peine de quitter leur siège (**31 %**). D'autres tentent d'être plus créatifs, en se rendant dans les galleys (**9 %**) ou même le cockpit (**1 %**). Mais attention, il s'agit ici des lieux où les chances de se faire surprendre sont les plus grandes, avec respectivement **21 %** et **27 %** de risques (contre **13 %** pour les WC).

LÉGENDE AÉRIENNE

AMOUR SUR PLACE OU À EMPORTER ?

La chance, quand tu es navigant, c'est que l'amour frappe facilement à ta porte. Tu vas dans des pays étrangers où le sexe est pratiquement une attraction touristique. Je me souviens d'une histoire qu'on m'a racontée, selon laquelle les femmes frappaient aux portes des navigants vers minuit. « Bonsoir ! Ce soir, l'amour frappe à ta porte. » Le lendemain, alors que l'équipage était sur le tarmac sur le point d'embarquer, une dame aurait couru après la voiture en criant : « Monsieur, monsieur, vous avez oublié les dix euros pour la boîte à caca ! »

Beurk

SEX IN THE AIR

20 SECONDES

Si les vols de nuit inspirent le plus les passagers (**68 %**), c'est aussi la période où les amants ont le plus de risques de se faire attraper. D'ailleurs, **14 %** des personnes interrogées ont reconnu avoir été surprises par des hôtesses ou d'autres passagers alors qu'elles tentaient de rentrer dans le célèbre Mile High Club.

Toutefois, avant de tenter l'aventure *Sex in the air*, un avertissement : il ne faut pas s'attendre à des prouesses records. Si la durée moyenne internationale d'une relation sexuelle est de 16 minutes, elle tombe à 10 minutes dans un avion selon **21 %** des sondés – ceux affirmant avoir tenu 30 minutes étant moins de **5 %**.

ENTENDU EN VOL

Un jour, une passagère assez hautaine regarde les mains d'une hôtesse et s'aperçoit qu'elle porte un énorme saphir à l'annulaire. Elle lui demande : « C'est avec votre salaire de misère que vous vous payez de si beaux bijoux ? » « Et l'hôtesse répond : non, c'est avec le salaire de vos maris. »

* D'après une étude internationale réalisée en 2018 par le site de rencontres saucydate.com auprès de 11 179 passagers - principalement américains et britanniques.

FLYGPLATS

L'ATTERRISSAGE

Un jour, sur un vol Paris-Stockholm, une hôtesse a dû faire l'annonce d'arrivée en Suède. Dans cette annonce, il est d'usage de citer le nom de l'aéroport d'arrivée. L'hôtesse, novice, qui ne connaissait pas le nom dudit aéroport, en a demandé le nom à son collègue. En toute confiance, l'hôtesse s'est lancée d'une traite dans l'annonce suivante : « Madame, Monsieur, bienvenue à Stockholm, aéroport IKEA ! Il est 21H05 et la température extérieure est de 5° C. Votre ceinture de sécurité doit rester attachée jusqu'à l'extinction de la consigne lumineuse… Nous vous prions d'être attentifs aux chutes éventuelles d'objets à l'ouverture des coffres à bagages… » Tout cela avec un aplomb pas possible !!!

LÉGENDE AÉRIENNE

« Mesdames et messieurs, c'est votre commandant de bord qui vous parle. La température extérieure est de - 40 °C, et le train d'atterrissage de notre avion est actuellement gelé. Impossible de bouger. Je vais donc vous demander de bien vouloir redescendre de l'avion et de le pousser pour qu'on puisse démarrer. »
En novembre 2014, les 81 passagers d'un vol de la compagnie Katekavia à l'aéroport sibérien d'Igarka ont ainsi dû pousser l'avion de 90 tonnes qui devaient les amener à Krasnoïarsk.

LE SAVIEZ VOUS...

Pourquoi on applaudit un avion qui atterrit ? On applaudit les pilotes parce qu'ils ont fait leur travail en nous amenant sains et saufs à destination ?
Eh bien, pas forcément. Certains disent que c'est culturel. Il s'agirait de passagers étrangers qui rentrent sur leur terre natale, dont les plus bruyants seraient animés par une puissante passion culturelle. Les Espagnols, par exemple, seraient de fervents pratiquants de l'applaudissement d'atterrissage ; il en irait de même pour les passagers brésiliens et italiens. Même les Japonais, bien connus pour leur impassibilité, pratiquent l'applaudissement, de même que les Russes et les Allemands, par patriotisme, lorsqu'ils touchent le sol de leur mère patrie.
D'autres disent que c'est d'un autre temps. Si l'on en croit cette théorie, les passagers avaient pour habitude d'applaudir à l'époque où les voyages en avion étaient moins courants – et plus dangereux. La coutume aurait peu à peu reculé au fil des années.
Ou alors, l'applaudissement ne serait-il pas simplement le geste symbolique qui en reproduit un autre beaucoup plus ancien dans les relations humaines ? Depuis l'époque des cavernes, l'homme qui veut remercier, féliciter affectueusement un congénère le prend dans ses bras et lui tape dans le dos ; les primates font également cela. Quand cette démarche ne peut se faire avec contact – la personne étant à distance, comme sur une scène, ou qu'il y a trop de personnes désirant le faire –, le geste de claquement des mains dans le dos se transforme en claquement entre les mains, produit tout en regardant le bénéficiaire.

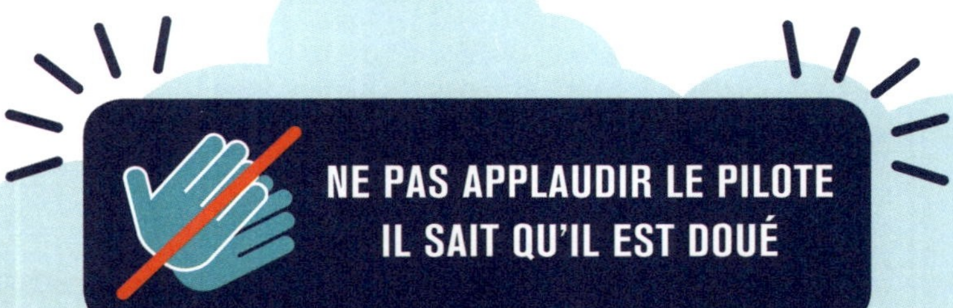

#METOO

Parfois, sur certaines destinations, on dépose les nouvelles équipes de maintenance des plateformes pétrolières, et on embarque celles qui y vivaient depuis quelques temps pour les rapatrier en France. Ce sont souvent des soudeurs, des foreurs, des ingénieurs qui sont restés quelques mois entre eux… Quand ils voient les hôtesses, ça fait trois mois qu'ils n'ont pas vu une femme, pas bu une goutte d'alcool. Ils ont donc un comportement plutôt extrême : ils boivent souvent avant de monter à bord, et les hôtesses dégustent ! Elles viennent pleurer sur mon épaule, se plaindre à moi d'un geste déplacé. Alors j'y vais avec un air viril et je dis : « Hé ! Tu touches plus à l'hôtesse, hein ! Si tu veux parler forage, c'est avec moi ! » Et en général, c'est aussitôt réglé.

Hôtesse
Mais la plateforme est assez grande pour recevoir l'avion ?

Jeanfi
Bien sûr, on se pose sur la plateforme et pourquoi pas sur l'eau tant qu'on y est !

Pour la petite histoire, les cabines d'avion sentent assez fort après un voyage de quelques heures pressurisées. Toutes les odeurs se sont mélangées et ont macéré. Dans certains aéroports, le personnel au sol tire au sort pour savoir quel employé va venir ouvrir la porte au débarquement. Tout dépend des vols qu'on fait. L'Afrique et l'Inde sont assez *spicy*. Tu reviens d'Inde, ça sent le curry ; tu reviens d'Afrique, ça sent le mafé ; du Mexique, le chili con carne ; de France, le fromage… Les gens dégagent l'odeur de ce qu'ils mangent, et quand ils ouvrent la porte, les employés se prennent un relent de tout cet air et il paraît que c'est assez désagréable !

LE DUTY FREE DE JEANFI

LES LINGETTES DOINET

26 $

LE PAQUET DE 12

Doinet la nouvelle serviette, la vie est une fête, mes doigts sont propres, mes doigts sont nets... On se lève tous pour Doinet, Doinet, Doinet !

LA VALISE DU FUTUR

21 299 $

ERGONOMIQUE, CONNECTÉE, TOUT TERRAIN, SE CHARGE À L'ÉNERGIE SOLAIRE.

LE BOB-TIQUAIRE

72 $

Le pire ennemi de l'homme, ce n'est pas le requin, l'araignée, le serpent ou le crocodile, c'est le moustique, ou pire, la mouche ! On s'en rend vite compte dans l'Outback ou certains coins de Tasmanie. Voici le seul accessoire efficace pour lutter contre elles. Il vous donnera en plus un style... remarquable ! Facilement réutilisable, il pourra servir, amies de la gente féminine, dans certains pays qui imposent le port du voile, ou même dans certains pays d'Asie où il vous protégera contre la pollution - Taille unique.

LA CEINTURE FOURRE-TOUT

149 $
ADAPTABLE À TOUTES LES MONNAIES

Toujours pratique pour n'importe quel baroudeur qui n'a pas envie de s'encombrer de son portefeuille quand il est en vadrouille. Cette ceinture sera aussi très pratique en cas de petit stop en Asie où il est recommandé de faire un peu plus attention. En bonus, elle s'adaptera à vos pertes et prises de poids tout au long du voyage !

L'INTERRUPTEUR ÉLECTRIQUE STEWARD

43 $

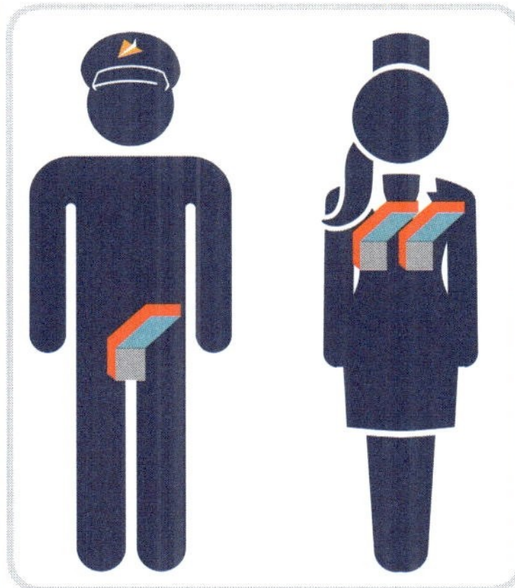

LE JOUR OÙ...

... une dame est venue me voir « au duty fruit », je lui ai vendu la moitié du chariot, dont presque la totalité de mes crèmes antirides, je l'ai encaissée et, au moment de lui donner le sac de crèmes, je lui ai dit : « Merci, madame, mais dites-vous bien que, de toute façon, c'est déjà trop tard ! »

LE DUTY FREE DE JEANFI

LE CUBI-OREILLER

165 $

LE PETIT PLUS : SONT INCLUS UN SAC À VOMI ET L'OPTION FUMIGATION POUR PLUS D'INTIMITÉ EN CAS DE PÉPIN.

Le seul oreiller qui fournit un soutien complet du haut du corps pour la détente, permet de dormir et de rester endormi dans l'avion. C'est tout simple! Favorise un bon alignement de la tête et du cou.

- EMPÊCHE LA TÊTE DE TOMBER EN AVANT LORSQUE VOUS ÊTES EN POSITION DE SOMMEIL NATUREL. Idéal pour les douleurs chroniques.

SE GONFLE FACILEMENT en quelques respirations et SE DÉGONFLE INSTANTANÉMENT. Se plie facilement pour un meilleur rangement en un minimum d'espace.

GONFLABLE - LAVABLE - ERGONOMIQUE -

POLYVALENT : Adultes & enfants. Avions, bus, trains, voitures, camping, fauteuils roulants, terminaux d'aéroport et toutes les autres situations imaginables. Merveilleux cadeau ! Dimensions de l'emballage : 18 x 13 cm - Poids : 330 grammes.

LE BROUILLEUR DE FRÉQUENCE

144 $
100 % PAISIBILITÉ GARANTIE

Ce brouilleur de fréquence gain de place tient dans la main. Économique et de longue portée. Dès son activation, vous n'entendrez plus aucun son, ni voisin de siège. Peut être activé pendant les phases de décollage ou d'atterrissage. Rechargeable à l'énergie solaire, il vous suffira de le coller contre votre hublot grâce à ses ventouses intégrées.

LE VENTILATEUR DE CYNTHIA

92 $
DISTRIBUTEUR DE TENDRESSE

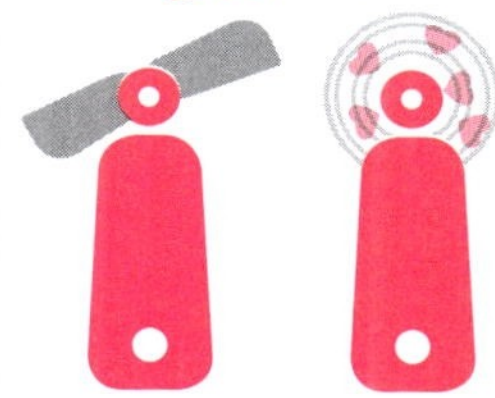

LE STOP-VOISIN

139 $
100 % EMBROUILLE GARANTIE

Discrète et efficace, cette petite cale empêchera vos voisins de devant de baisser leur siège.

LE JOUR OÙ...

... un passager est venu me voir et m'a demandé où il pouvait trouver les articles de *duty free*. Je lui ai répondu : « À la fin du magazine de la compagnie. » Le passager est revenu et m'a montré du doigt l'objet sur la page : un canapé sur une page de publicité. Il croyait quoi ? Que je le stockais en soute ?

SOLUTIONS

SENS DES ACRONYMES DE LA PAGE 19

OUATOSE ...... serviette en papier
HLE.............. heure limite d'enregistrement
TRIPLE 7 ...... appellation de l'aéronef BOIENG 777
GALLEY .... cuisine
KLIN .... dossier hôtelier
5 DROITE ...... appellation de la dernière porte allée de droite d'un Boeing 777-300
2 GAUCHE ...... appellation de la 2e porte allée de gauche d'un Boeing 777-300
RESET .... mot anglais voulant dire réinitialiser
FLYING BLUE carte programme de fidélité
PLATINUM...... statut Flying Blue
SKY PRIORITY parcours prioritaire en aéroport
J .... classe business
Y .... classe économie
UPGRADE ...... surclassé
QUADRIPLACE 4 sièges contigus d'un avion type Boeing
TROLLEY ...... chariot de service
BIS/MEL ...... mélange sucrés/salés
TORTUE .... plateau sur lequel on dépose les verres
ATLAS .... armoire métallique stockée dans le galley

QUIZ DES PAGES 62/63

QUESTION 1
Réponse : Aucune. Dans tous les cas, vous risquez de mourir.

QUESTION 2
Réponse : B.

QUESTION 3
Réponse : B, de la vitesse d'ingestion, de la quantité d'alcool absorbée, du poids corporel. C'est le manque d'oxygène et la sécheresse de l'air qui font que le corps absorbe l'alcool comme de l'eau.

QUESTION 4
Réponse : A et B.

QUESTION 5
Réponse : B.

QUESTION 6
Réponse : Aucune des trois.

QUESTION 7
Aucune des trois. L'hypoxie est un état qui peut affecter toute personne en altitude, elle entraîne un manque d'oxygène et peut altérer le sens commun.

QUESTION 8
Réponse : C.

QUESTION 9
Réponse : A.

QUESTION 10
Réponse : B.

QUESTION 11
Réponse : Aucune des quatre. On attend l'arrivée des secours à l'atterrissage.

VOUS AVEZ OBTENU PLUS DE 7 BONNES RÉPONSES :
Vous êtes un steward aguerri. Un expert en aéronautique ! L'engin métallique n'a plus aucun secret pour vous ! Vous passez d'escale en escale avec légèreté, tel Harry Potter sur son balai ! Les passagers sont vos amis. Vos collègues et vos supérieurs ne tarissent pas d'éloges sur vous, même les animaux en soute vous rendent hommage. Vous n'êtes pas encore steward ou hôtesse ? Foncez… vous avez toutes les connaissances requises, ce métier est fait pour vous !

MOTS MÊLÉS DE LA PAGE 101

Je crois que c'est clair !

X	B	H	C	X	A	D	E	M	C
C	O	M	P	L	E	X	E	S	C
H	S	H	O	T	E	S	S	E	N
R	U	D	S	O	X	Y	G	C	O
S	D	R	T	R	S	O	S	U	U
A	E	O	C	U	T	E	T	R	A
F	A	B	R	O	D	L	M	I	T
E	F	R	E	T	E	I	B	T	O
T	N	A	D	E	P	A	C	E	S
Y	X	C	X	R	U	V	O	L	E

MOTS FLÉCHÉS DE LA PAGE 101

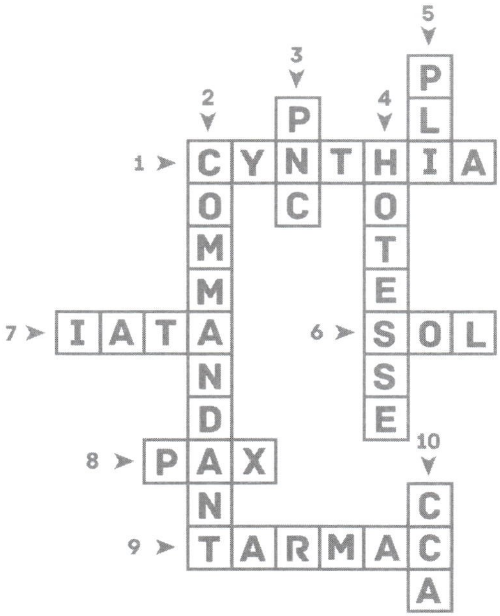

REMERCIEMENTS

Je remercie tout particulièrement mes parents sans qui tout cela ne serait jamais arrivé.

Merci à Air Littoral et Air France pour m'avoir permis de réaliser mon rêve, à mes supérieurs de ne pas m'avoir promu parce que j'étais trop rigolo, au personnel des transports aériens au sol et en vol (mes collègues hôtesses, stewards et mes chers pilotes), aux services de sûreté et de sécurité – ils savent pourquoi –, aux passagers qui m'ont supporté toutes ces années sans pouvoir sortir de l'avion, à tous les aéroports qui m'ont accueilli, aux auditeurs des « Grosses Têtes », si fidèles ; à Laurent Ruquier, Christopher Baldelli, Jacques Expert et les équipes de RTL ; à Aurélie & Hafida, les deux femmes de l'ombre ; à Michel Lafon, Maïté, Florence, Margaux, Véronique qui ont fait un travail formidable et ont rendu ce livre possible ; à mon fan club si dévoué, et bien sûr, à toi, lecteur, qui as eu le courage de me lire jusqu'au bout !

TABLE DES MATIÈRES

BIBLIOGRAPHIE / RÉFÉRENCES

Formation & Quiz & Le saviez-vous
www.cfs-cca.com/
www.pnc-contact.com/2011/12/29/formation-hotesse-de-l-air-briefing-et-documentation
https://www.pnc-contact.com/2012/02/25/corrige-cfs-theorique-fevrier-2012-2012
http://lawyered.fr/2017/12/7-interdictions-absurdes-avion/
www.slate.fr/story/154223/applaudissements-passagers-avions
www.aeroschool.fr/premiere-hotesse-de-lair-de-lhistoire
www.aeronewstv.com/fr/
www.journal-aviation.com/

Les Bagages
www.sita.aero/solutions-and-services/solutions/baggage-management . D'après la Société internationale des télécommunications aéronautiques
www.economie.gouv.fr/particuliers/bagage-perdu-endommage-aerien-indemnisation
www.airfrance.fr/FR/fr/common/guidevoyageur/pratique/astuces_bagages.htm
www.atlantico.fr/decryptage/ou-finissent-bagages-egarees-compagnies-aeriennes-qui-ne-retrouvent-jamais-proprietaires-2229475.html.

Quel siège choisir ?
www.linternaute.fr/voyage/pratique/1041902-bien-se-placer-dans-l-avion/

Les peurs en avion
www.liberation.fr/sciences/2013/02/15/dans-les-airs-flatulence-refrenee-rime-avec-gene-augmentee_882101 / Étude New Zealand Medical.
Sujet audiovisuel. Tu mourras moins bête – la peur en avion – arte.tv.fr – sujet de réalisé par Emilie Sengelin - Ex Nihilo & Folimage – 2014
www.iata.org – publications iata-safety-report-2013
www.era.europa.eu – document SPR2014.pdf

Les peurs en avion
www.liberation.fr

Sex in the Air
www.deplacementspros.com/L-avion-inspire-bien-des-fantasmes-sexuels_a47621.html
www.slate.fr/story/43907/sexe-avion
www.aufeminin.com/desir-sexuel/amour-avion-s646639.html
www.commeunavion.com/paroles-avgeeks/linterview-de-benjamin-cohen-fondateur-de-playrion
Cosmopolithan YouTube channel – This New Dating App is Like Tinder for Air Travel –www.youtube.com/watch?v=-OAAc1fLkAw

La douane
www.douane.gouv.fr/articles/a13434-saisie-d-un-python-vivant-sur-un-voyageur-par-la-douane

Les passagers de différentes cultures
www.bien-voyager.com/les-signes-et-gestes-a-eviter-en-voyage-dans-le-monde/
www.centerblog.net/journal-intime/273789-40163-gestes-et-signes-a-eviter-en-voyage-dans-le-monde-
http://dictionnaire.sensagent.leparisien.fr/Signe_V/fr-fr/
www.ouest-france.fr/leditiondusoir/data/21557/reader/reader.html#!preferred/1/package/21557/pub/30977/page/5
Air France, la légende en légendes 10 octobre 2013 d'Hélène BASSELIER-VOLAIRE

Les passeports
https://www.passportindex.org/
https://www.franceinter.fr/emissions/planete-environnement/planete-environnement-04-octobre-2016

Le chic à la française & la Gastronomie
www.grazia.fr/news-et-societe/news/air-france-80-ans-duniformes-haute-couture-568124 par Pauline Pellissier, 07 octobre 2013
Parisian Gentleman : Eloge de l'élégance à la française Relié – 16 novembre 2015 de Hugo Jacomet (Auteur), James Sherwood (Auteur), G-Bruce Boyer (Auteur), Andy Julia (Photographies)
www.airfrance.fr/FR/fr/common/guidevoyageur/classeetconfort/gastronomie_chefs.htm
www.consoglobe.com/nourriture-avion-gout-cg
& Food Quality and Preference, En ligne sur : http://www.sciencedirect.com/science/article/pii/S0950329310001217

Duty Free
Inspiré de The Chris Esquerre Shop
« Les Hôtesses» & « Stewards et Passagers »
Extraits des sketches issus du spectacle *Jeanfi Décolle* – Dépôt Sacem - droits réservés.

CRÉDITS

Dans le respect des éventuels droits patrimoniaux et du droit moral des auteurs inconnus des documents reproduits dans cet ouvrage, l'éditeur indique qu'il a réservé des droits et qu'il mentionnera le nom des auteurs qui se feront connaître et justifieront de leur qualité pour toute nouvelle édition de l'ouvrage.

Photographie préface : © Dao Bacon

Illustrations :
© Adobe Stock : Page 11 : © studiostoks / Page 29 : © dacianlogan
Page 31 : © lynea / Pages 40/41 : © Oksana / Page 47 : © murphy81
Page 50 : © JeraRS / Page 51 : © elenabsl / Pages 54/55 : © Adrian Hillman
Page 56/57, 74/75 : © macrovector / Page 68/69 : © mouse_md
Pages 92/93 : pacharada / Page 103 : © leo_d / Page 122 : © missbobbit

Pictos :
© pict rider / © LynxVector / © Maryna / © martin951
© dta93 / © chartcameraman © soleilc1 / © Volodymyr Leus
© 132401192 / © YuliaShlyahova / © Ms VectorPlus

Fabrication
Christian Toanen, Nikola Savic

Imprimé en Espagne
Dépôt légal : novembre 2018
N° d'impression : 01
ISBN : 978-2-7499-3797-7
LAF 2673